빛과 놀아요

빛과 놀아요

정성욱 글 정보환 그림

위즈덤하우스

■ 펴내는 글

똑똑 융합과학씨를 소개할게!

신화부터 예술까지 두루두루 **통하는 과학**

신화나 옛날이야기 좋아하지? 똑똑 융합과학씨는 과학이 발달하기 전에
옛사람들은 자연 현상을 어떻게 생각했을까, 그런 이야기는 어디에 남아 있을까
하는 것이 궁금해.

과학이 역사와 기술, 공학, 수학, 예술 등과 관련되어 있는 것을 발견하면
'아, 이렇게 서로 통하는 거구나' 하는 것을 알게 되어 뿌듯해.

그리고 다음부터는 어떤 것을 보더라도 '이것은 다른 것과 어떻게 통할까,
새롭게 더 생각할 것은 없을까' 하고 두루두루 생각해.

많이 알면 알수록 더 즐길 수 있다! 즐기는 과학

춤추고 노래하는 거 좋아하니? 똑똑 융합과학씨는 음치이자 몸치지만 노래하고 춤추는 걸 좋아해. 누구나 음악과 춤은 배우지 않아도 흥겹게 즐길 수 있어. 그래도 음악과 춤을 많이 알면 더 재미있게, 여러 가지 방법으로 즐길 수 있어. 무엇보다 음악과 춤을 즐기지 못하는 다른 친구들에게 가르쳐 줄 수가 있지. 많이 알면 알수록 더 즐길 수 있는 것은 과학도 마찬가지야.

배워서 남 주자! 좋은 건 나누는 과학

공부해서 뭐하지? 똑똑 융합과학씨는 내 것을 남과 나누거나 도와주는 것을 좋아해. 내 작은 도움에 고마워하는 사람들을 볼 때마다 기분이 좋고 흐뭇해. 지식과 지혜도 남과 나눌 수 있어. 배운 것을 가르쳐 주고, 배운 지식을 이용하여 지금 내가 살고 있는 곳이나 가까운 이웃 나라에서 생기는 문제를 해결할 아이디어를 찾아보면 돼.

이제 똑! 똑! 융합과학씨의 문을 두드려 봐.
그리고 문을 열고 들어 와서 이야기에 귀 기울여 봐.

차례

펴내는 글 4

1 빛, 옛날 옛적에
빛은 어디에 있을까? 10
태양신 모여라 12
오싹오싹 무서운 빛 15
새벽의 여신, 오로라 17
생각이 크는 숲 태양이 궁금해 20

2 밤에도 낮같이, 빛을 만들다
사람이 만든 빛의 시작, 불 24
등잔에서 남포등까지 27
거리의 등, 가스등 28
10대 발명품, 전등 30
빛을 내는 반도체, 엘이디(LED) 32

3 움직이는 빛
우주에서 가장 빨라 36
빨리 가는 방법, 직진 40
튕겨 나오는 빛, 반사 44
구부러지는 빛, 굴절 47
생각이 크는 숲 투명 망토를 만들 수 있을까? 50

4 빛과 눈, 세상을 보다
물체를 보는 데 필요한 것, 빛과 눈 54
빛이 없으면 색도 없어 55
가시광선 너머의 빛 57
알 수 없는 빛, 엑스선 60
사람의 눈 62
생각이 크는 숲 색에도 다 이유가 있어 68

5 빛과 생물
투르느솔이 뭘까? 72
빛과 동물 74
반짝반짝 빛나는 생물들 75
동물의 눈 79
생각이 크는 숲 동물들이 보는 세상은 어떨까? 84

6 구석구석 편리한 빛
커져라 오목 거울, 넓어져라 볼록 거울 88
렌즈로 보는 세상 91
먼 곳을 가깝게, 망원경 93
팔방미인 레이저 빛 96
빛으로 통하는 세상, 광통신 97
생각이 크는 숲 빛을 이용한 통신의 역사 102

7 예술가의 빛
빛을 그린 사람들 106
엑스선으로 예술을 109
허공에 그리는 그림, 라이트 페인팅 110
생각이 크는 숲 빛에 관한 말놀이 112

STEAM 작은 아이디어가 세상을 바꿔요
넘쳐서 탈, 모자라서 탈 – 빛 공해와 빛 나눔 114

찾아보기 124

1 빛, 옛날 옛적에

옛날 옛적에는 태양을 신처럼 높이 받들었어.

고대 이집트에서는 태양신을 매나 양의 머리 모습을 한 남자가
독사에 감긴 원반을 머리 위에 얹고 있는 모습으로 나타내었어.

너라면 태양신을 어떤 모습으로 나타낼래?
마음대로 상상하고 그려 봐.

태양신은
어떤 모습일까?

내가 생각하는 태양신 그리기

빛은 어디에 있을까?

우리는 모든 곳에서 빛을 만날 수 있어.

빛을 만나고 싶으면 얼른 밖으로 나가 봐. 그리고 하늘을 올려다봐.

낮이라면 온 세상을 환하게 밝혀 주는 햇빛을 만날 수 있어. 물론 비가 오거나 흐린 날은 만나기 힘들어.

밤에도 빛을 만날 수 있어. 별들이 반짝반짝 별빛을 보내 주니까.

'번쩍' 번개가 칠 때도 빛을 만날 수 있어. 그런데 이때는 배짱이 두둑해야 해. 보통은 번개가 치면 "엄마야, 무서워."하면서 도망가기 일쑤거든.

여름날 밤, 공기 맑은 시골에 가면 운 좋게 반딧불이가 반짝이는 빛을 볼 수도 있어.

바닷가에서 해파리가 빛을 내는 걸 본 친구도 있다고 해.

이 모든 것은 자연 속에서 볼 수 있는 빛들이야.

옛날에는 이런 빛들만 있었어.
그래서 낮에는 환하고, 밤에는 아주 깜깜했어.
하지만 사람들이 빛을 만드는 법을 알고 난 다음부터 세상은 밤낮 없이 빛으로 가득 차게 되었어. 언제, 어디서든 빛을 만날 수 있게 된 거야. 전등과 가로등, 빌딩의 네온사인, 텔레비전이나 컴퓨터 화면, 휴대 전화에서도 빛이 나와.
지금은 사람들이 만든 빛이 훨씬 더 많아졌어. 빛이 무엇인지, 빛은 어디서 오는지, 빛을 내는 물체는 어떻게 빛을 내는지, 빛을 어디에 사용할 수 있는지를 여러 사람들이 연구하여 알아냈기 때문이지.
그런데 옛날 사람들은 달랐어. 아직 빛이 무엇인지 모르던 시절에 옛날 사람들은 자연 속의 빛을 보고 어떤 때는 두려워하고 어떤 때는 신처럼 우러러보았어.

태양신 모여라

깜깜한 밤에 촛불도 전등도 없는 곳에서 혼자 지내본 적 있니? 아무것도 보이지 않는데 동물들의 울음소리라도 들리면 으스스 무섭고 겁이 나서 어서 빨리 날이 밝았으면 하고 바랄 거야.

빛은 사람을 안심시키고 희망을 주지만, 어둠은 두려움과 공포를 줘. 촛불이나 전등이 만들어지기 전에는 빛은 거의 대부분 태양, 해로부터 왔어. 해가 떠야 볼 수 있고, 햇빛을 받아야 식물들이 자라 식량을 얻을 수 있으니 해는 사람의 생활에 커다란 영향을 미치는 중요한 존재였어. 그래서일까? 옛날 사람들은 해를 우러러보고 높이 받들었어. 이런 흔적은 여러 나라의 신화나 종교에 잘 남아 있어.

그리스 신화에는 헬리오스라는 태양신이 나와. 헬리오스는 네 마리 말이 끄는 불 수레를 몰아. 낮에는 새벽의 여신 에오스(로마 신화에서는 오로라라고 해.)를 따라 하늘을 동쪽에서 서쪽으로 가로질러 가고, 저녁에는 서쪽 큰 바다 밑으로 가라앉아 새벽녘까지 동쪽으로 이동하였어.

헬리오스의 아버지는 빛의 신 히페리온이야. 빛의 신 히페리온과 테이아 사이에

네 마리 말이 끄는 마차를 타고
하늘을 달리는 헬리오스

서 달의 신 셀레네, 새벽의 신 에오스, 태양의 신 헬리오스가 태어났어. 가족 모두가 빛과 관련 있어.

고대 이집트 신화에서 가장 위대한 신은 태양신 '라'야. 라는 세상을 만든 창조자이기도 한데, 모든 권력을 가진 이집트의 왕 파라오조차 스스로를 라의 아들이라고 말할 정도로 높이 받들어졌어. 이집트 사람들은 라가 낮에는 쪽배를 타고 하늘의 여신인 누트를 따라 동에서 서로 여행하고, 밤에는 다른 배로 갈아타고 지하 세계를 여행한다고 생각했어. 라는 독사에 감긴 원반을 머리에 이고, 매나 양의 머리를 가진 남자 모습을 하고 있어. 이집트의 벽화를 볼 기회가 있으면 태양신 라를 꼭 찾아보도록 해.

고대 이집트 인들이 해를 높이 우러러본 것은 오벨리스크를 보아도 알 수 있어. 오벨리스크는 뾰족한 바늘 모양의 커다란 돌기둥으로, 햇살 모양을 본뜬 거라고 해. 태양 신전 앞에 세우고 태양신이나 왕의 행적을 기리는 내용을 적어 두었어.

오벨리스크

지금의 페루, 에콰도르, 아르헨티나 지역에 크게 발전했던 잉카 제국은 태양의 제국이라 부를 정도로 태양신을 높이 섬겼어. 곳곳에 태양신을 모신 신전을 세웠고 수도 쿠스코의 태양 신전에는 해를 상징하는 거대한 황금 원반이 있었어. 잉카 제국에서는 태양신을 인티라고 불렀는데, 지금까지도 쿠스코 지역에서는 태양신 축제가 열리고 있어.

인도에는 엄청나게 많은 신들이 있어. 그중에서 최고 태양신은 수리아라고 해. 수리아는 아침부터 저녁까지 동쪽에서 서쪽으로 일곱 마리 혹은 머리가 일곱 개인 말이 끄는 마차를 타고 달린다고 여겨졌어. 인도의 코나라크 지방에 가면 수리아가 타던 마차 모습의 태양 신전이 커다랗게 세워져 있어. 수리아를 기리기 위해 어마어마한 건축물을 세운 걸 보면 이 사람들이 태양신을 얼마나 높이 받들었는지 짐작할 수 있지.

일곱 마리 말이 끄는 마차를 탄 수리아 신

많은 신화에서 낮과 밤이 생기는 현

상을 태양신이 배나 마차를 타고 하늘을 돌아다니는 것으로 설명하는 것은 우연의 일치일까? 참 재미있지 않니?

오싹오싹 무서운 빛

사람들에게 희망과 생명의 빛을 선사하는 태양이 있는가 하면, 허공에서 불타며 공포심을 느끼게 한 빛도 있어.

옛사람들은 하늘에서 천둥, 번개가 치면 하늘이 노했다고 생각하며 벌벌 떨었어. 그리스 로마 신화에서는 번개가 신 중의 신 제우스의 무기로 나오기도 해. 제우스가 벌 줄 때 번개를 던진다고 생각했지.

밤에 깊은 숲이나 공동묘지, 늪지를 지나다 보면 파란색의 불을 볼 수 있어. 밤에 무덤 주위를 지나는데 갑자기 눈앞에 웬 불이 나타나면 얼마나 오싹할까? 게다가 이 불은 하나가 여럿으로 흩어졌다 빙 돌다가 다시 합쳐지기도 하고, 용기 내어 불을 쫓아가면 이내 사라져 버리기도 했어. 마치 도깨비에 홀린 것처럼 말이야. 옛날 사람들은 정체를 알 수 없는 이 불을 도깨비불이라 부르며 무서워했어.

또 우리 속담에 '봄 불은 여우불'이라는 말이 있어. 봄에는 날씨가 건조하고 기온이 높아 이유를 알 수 없는 불이 잘 나. 이것을 여우가 불꽃으로 둔갑하거나 불꽃을 일으켜 여기저기 돌아다니며 불을 낸다고 여겨 여우불이라 부른 거야. 봄 불은 언제 어디서 생길지 알 수 없어. 또 꺼진 듯하다가도 다시 살아나. 옛사람들은 이런 성질이 신출귀몰한 여우와 꼭 닮았다고 생각했나 봐.

지금은 번개나 도깨비불, 여우불이 무엇이고 왜 생기는지 밝혀졌어.

도깨비불은 뭘까

도깨비불은 인이라는 물질 때문에 생긴다. 인은 동식물이나 사람의 몸에 들어 있다. 동식물이 죽어서 썩거나 사람의 시체가 썩을 때는 인 화합물이 생기는데, 이것은 저절로 불을 일으키는 성질이 있다. 또 인은 고체로 굳어 가루가 된 상태에서 빛을 낼 수 있다. 그래서 도깨비불은 무덤가나 무덤을 옮긴 곳에서 많이 나타난다.

메탄 때문에 도깨비불이 생긴다는 주장도 있다. 시체나 식물이 썩을 때 메탄이 생기는데 이것이 땅 속에서 솟아오르면서 자연적으로 불이 붙어 빛을 낸다는 것이다. 이런 경우는 동식물이 썩기 쉬운 늪지대에서 볼 수 있다.

여우불은 누가 만들까

여우불은 봄철 건조한 기후 때문에 생긴다. 봄은 건조하여, 낙엽이나 나뭇잎이 바싹 말라 있기 쉽다. 봄에 기온이 높아지면 식물 세포에 있는 일부 분자의 온도가 불이 붙을 수 있는 온도까지 올라갈 수 있다. 그런데 건조한 기후 때문에 식물 내부에 불 붙는 것을 막아 줄 수분이 적으면 쉽게 불이 붙을 수 있다. 또 건조한 날씨 탓에 작은 불꽃으로도 불이 잘 난다.

이제는 아무도 도깨비가 도깨비불로 사람을 홀린다거나 여우가 불을 내고 다닌다고 생각하지 않아.

새벽의 여신, 오로라

하늘을 커튼 모양으로 황홀하게 수놓는 아름다운 빛을 본 적이 있니? 아마 사진으로는 몰라도 직접 본 적은 없을 거야. 사람의 힘으로는 도저히 흉내 낼 수 없는 이 빛은 주로 북극에 가까운 그린란드나 알래스카, 캐나다 등에서 볼 수 있어. 아쉽게도 우리나라에서는 볼 수 없어. 이 빛은 로마 신화에 나오는 '새벽의 여신' 이름을 따서 오로라라고 해.

옛사람들은 오로라를 어떻게 생각했을까?

오로라에 관한 많은 전설이 있는데, 고대 중국과 유럽 전설에는 오로라가 큰 용이나 뱀으로 등장해. 스칸디나비아나 아이슬란드 사람들은 오로라를 신들이

1893년 북극 탐험가 프리드 쇼프가 그린 오로라(목판화)

하늘에서 땅으로 여행하는 무지개 다리로 여겼고, 오스트레일리아 원주민들은 신들이 춤추는 것으로 생각했어.

그린란드 원주민들은 오로라가 이리저리 움직이는 것을 영혼들이 공놀이 하는 것으로 생각하기도 했어.

노르웨이에서는 오로라를 두려워했다고 해. 오로라에 손짓을 하면 오로라가 땅으로 내려와 몸에 닿게 되는데, 그러면 반드시 좋지 않은 일이 생긴다는 전설이 있을 정도야.

오로라를 자주 볼 수 있는 이누이트 족은 오로라를 영혼이 내는 빛이라고 생각하기도 했어. 그들의 전설에 따르면 하늘은 작은 구멍이 많이 나 있는 커다란 둥근 지붕으로 둘러싸여 있으며, 이 구멍을 통해 죽은 사람의 영혼이 하늘나라로 들어간대. 오로라는 새로운 영혼이 하늘나라로 가는 길을 잘 찾을 수 있도록 안내하는 저승의 영혼에게서 나오는 빛이었어. 또 사금 채취꾼들은 오로라가 금광맥에서 나온 빛이 반사된 것이라고 믿기도 했어.

어느 해, 사람들은 밤하늘에서 커튼처럼 나부끼는 빛나는 빛을 보았을 거야. 번개나 도깨비불도 보았을 거야. 그들은 아직 이런 자연 현상을 과학적으로 생각하지 못하고, 영혼이나 기적, 도깨비, 여우의 장난 같은 것으로 생각했어.

어떤 일의 원인을 탐구하기보다는 기적이나 도깨비 등으로 생각해 버리는 것이 훨씬 쉬웠기 때문일까?

태양풍이 만든 작품, 오로라

태양은 빛과 열뿐 아니라 매우 작은 알갱이들을 우주로 날려 보내는데, 이것을 태양풍이라 한다. 지구로 오는 태양풍이 지구 자기장에 이끌려 지구 대기로 들어오면 대기 속 공기 분자와 부딪혀 빛을 낸다. 이 빛이 오로라이다.

태양풍을 이루는 작은 알갱이들은 플러스, 마이너스 전기를 갖고 있어서 지구 자기장을 따라 남극과 북극 부근으로 빨려 들어온다. 이 때문에 오로라는 극지방 근처의 위도가 높은 지역에서 생긴다.

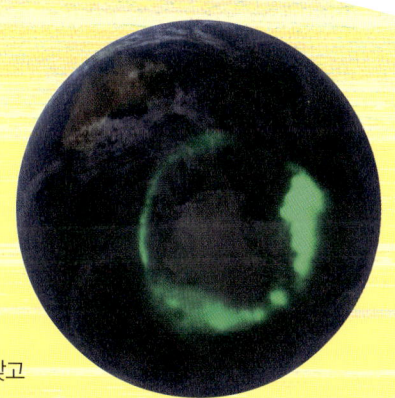

인공위성에서 찍은 오로라

생각이 크는 숲

태양이 궁금해

태양은 기체로 이루어진 뜨겁고 거대한 공이다. 태양의 전체 부피 가운데 99 퍼센트는 수소와 헬륨으로 이루어져 있다. 태양이 빛과 열을 내는 것은 태양 안에서 수소가 융합하여 헬륨으로 변하면서 거대한 에너지를 내기 때문이다.

태양은 약 100억 년 정도 빛을 낼 수 있는 양의 수소를 가지고 있다. 지금까지 약 50억 년 정도 빛을 내 왔으니, 수소가 바닥나는 약 50억 년 후에는 태양 빛이 사라질 것이다.

태양의 부피는 지구의 130만 배
내가 태양이라면 지구는 완두콩만 해.
난 10살

로켓으로 **250**일
너무 오래 가나요?
그래도 걸어서 4,000년 걸리는 것보단 낫잖아요!

지구와 태양의 거리 약 1억 5,000만 킬로미터

자동차로 **177**년
시속 100킬로미터

걸어서 **4000**년

지구

20

태양

수소 **90** 퍼센트

헬륨 **9** 퍼센트

나트륨, 마그네슘, 철 **1** 퍼센트

지름 약 **140**만 킬로미터
지구의 **109**배
부피는 **130**만 배
무게는 **33**만 배

99퍼센트가 가장 가벼운 원소인 수소와
그 다음으로 가벼운 헬륨으로 되어 있어서
크기에 비해 몸무게는 가벼운 편이야.
지름 그러니까 허리둘레는 약 140만 킬로미터,
지구의 109배, 부피는 130만 배나 되지만
무게는 33만 배 더 무거울 뿐이야.

내가 얼마나 뜨거운지 궁금하지 않니?
겉은 섭씨 약 6,000도이고 안으로 들어갈수록
뜨거워서 가운데는 섭씨 1,500만 도나 돼.
철을 만드는 용광로의 온도가 약 1,500도라니
내가 얼마나 뜨거운지 알 수 있겠지?

1. 빛, 옛날 옛적에

2 밤에도 낮같이 빛을 만들다

불 촛불 등잔 전등

미래에는 어떤 빛이 만들어질까?

엘이디(LED)

내가 발명한 빛 그리기

사람이 만든 빛의 시작, 불

해가 지면 가장 먼저 불을 켜. 집집마다 전등을 켜고, 자동차는 헤드라이트를 밝히고, 거리엔 가로등과 네온사인이 들어와. 지금은 당연한 풍경이지만, 스위치를 '딸깍' 하고 켜는 것만으로 손쉽게 어둠을 밝힌 것은 그리 오래되지 않았어. 에디슨이 전구를 발명한 1879년 이후의 일이니까 130년 조금 넘었지.

사람들은 오랜 기간 '해가 진 뒤에도 밝게 빛을 비추는 것을 만들 수 없을까' 궁리하였어. 그리고 드디어 빛을 만들어 냈어. 해가 진 밤에도 빛을 가지게 된 거야.

사람이 만든 첫 번째 빛은 불이야. 원시 시대 사람들은 번개를 맞은 나무에서 불이 일어나는 것을 보았을 거야. 아니면 산불이 번져나가는 걸 보았을지도 몰라. 처음에는 겁에 질려 가까이 다가가지 못했지만, 곧 따뜻하고 환한 불로 어둠을 몰아내고, 동물들을 쫓아 버리고, 음식을 익힐 수 있다는 것을 알게 되었어. 그래서 불을 가져다 오래도록 사용하려고 했지. 하지만 불씨는 아무리 잘 지켜도 금방 꺼지기 일쑤였어. 오랜 궁리 끝에 드디어 나무를 비비고 돌을 맞부딪쳐 불을 만들 수 있게 되었어.

불은 밝은 빛으로 밤을 환하게 밝힐 뿐 아니라 음식을 익히고 난방을 하는 데 쓰이면서 사람들의 삶을 확 바꿔 놓았어.

불 만드는 데 능숙해진 사람들은 불을 조명으로 사용하기 쉽도록 여러 가지 시도를 했어. 우선 나무나 풀을 묶어서 횃불을 만들었어. 그중에서도 관솔불을 많이 썼어. 관솔불은 말 그대로 관솔에 붙인 불이야. 관솔이란 송진이 엉겨 붙거나 유독 많이 나온 소나무 가지를 말해. 송진은 소나무에서 나오는 끈적끈적한 액인데 기름 성분이 있어서 불이 잘 붙고 오래 가. 마당 한쪽 크고 넓적한 돌 위에 관솔을 올려놓고 불을 밝히면 지금의 전등보다야 못하지만 꽤 밝았어.

 큰 절이나 서원에 가면 마당에서 기둥 모양의 긴 돌을 볼 수 있어. 이것은 관솔을 쌓아 놓고 불을 밝히는 데 쓴 것으로, 정료대라고 해. 이런 곳에 갈 기회가 생기면 정료대를 꼭 한 번 찾아보도록 해.

정료대란 '뜰에 있는 불의 기둥'이란 뜻이다.

관솔불은 조선 시대 붓글씨의 달인인 한석봉(한호)의 시조에도 나와.

> 짚방석 내지 마라 낙엽엔들 못 앉으랴.
> 솔불 혀지 마라 어제 진 달 돋아 온다.
> 아이야 박주산채 일망정 없다 말고 내어라.
>
> *혀지 : 켜지 *박주산채 : 변변치 않은 술과 산나물

이 시조에서 솔불이 바로 관솔불을 말하는 거야.

옛사람들은 관솔불 외에도 말린 쑥을 싸리 껍질이나 짚으로 감아 오랫동안 은근하게 불이 타도록 하는 지혜를 발휘하기도 했어. 이때는 모두 주변에서 구하기 쉬운 재료로 직접 조명을 만들어 밤을 밝혔지.

별별 조명들

예전에는 반딧불이나 딱정벌레 종류를 가두어 조명으로 사용하기도 하였다. 지역에 따라서는 펭귄같이 지방이 많은 동물의 시체에 심지를 꽂아 빛을 얻기도 했다는데, 주변에서 구하기 쉽다 해도 왠지 끔찍하다.

등잔부터 남포등까지

시대가 지나면서 사람들은 등잔과 양초를 만들어 썼어. 등잔은 작은 그릇에 기름을 붓고 심지를 꽂아 불을 붙이는 기구로, 한 번쯤 봤을 거야. '등잔 밑이 어둡다'라는 속담도 있는데, 들어 봤지? 가까이에 있는 물건이나 사람을 잘 찾지 못할 때 쓰는 말인데, 실제로 등잔 주변은 환해도 바로 밑은 어두워.

등잔에는 참기름, 들기름, 콩기름 같은 식물성 기름과 물고기기름, 돼지기름 같은 동물성 기름을 모두 사용했어. 석유가 널리 사용되면서부터는 등잔에 석유를 사용했어. 석유의 종류 중 보일러에 넣어 난방을 할 때 쓰는 석유를 등유라 하는데, 등잔에 사용했던 석유라 그렇게 불러. 어쨌든 이때는 석유에 불이 너무 잘 붙기 때문에 심지 꽂이 뚜껑을 써야 해. 이렇게 뚜껑이 있는 등잔은 특별히 호형 등잔, 보통 호롱불이라고 불러. 등잔은 전기가 들어오기 전까지 널리 사용되었고, 30~40년 전까지도 우리나라 산골 지방에서 사용했어. 지금도 아프리카에서는 등유를 사용하여 조명을 하고 있어.

양초도 얼마 전까지 훌륭한 조명 도구였어. 양초는 2,000년 전부터 사용되었대. 아프리카에서는 기름이 많은 나무 열매를 나뭇가지에 매달아 사용했고, 그리스와 로마 인들은 딱딱한 실에 벌집으로 만든 밀랍이나 소나무에서 나오는 송진을 묻힌 양초를 서기 100년 무렵 사용했어.

우리나라에서도 삼국 시대부터 초를 널리 사용하였는데, 초는 녹아 없어지기 때문에 일반 백성들은 사용하지 못했고, 왕실과 양반들이 사용하였다고 해. 특히 벌집을 끓여 만든 밀랍 초가 다른 초와 달리 그을음이 적고 냄새가 향긋하며 불빛이 밝고 오래 가서 값이 비싼데도 인기가 좋았다고 해.

남포등이라고 들어 보았니? 어떤 등일 것 같아?

남포등은 석유를 넣은 그릇의 심지에 불을 붙이고, 바람을 막기 위하여 유리로 만든 등피를 끼운 등을 말해. 지금부터 100여 년 전인 개화기에 석유를 수입하면서 사용하기 시작하였어. 영어 '램프'를 우리 선조들이 '남포'라고 발음한 데서 남포등이라 불렸는데, 서양 등이란 뜻이야.

남포등은 등잔보다 훨씬 밝고, 크기도 크며, 걸어 두고 사용하거나 가지고 다니기 편리한 새로운 등이었어. 그래서 집안을 환히 밝히고 싶은 특별한 날이나 물건을 팔아야 하는 상점에서 많이 사용하였어.

거리의 등, 가스등

길거리를 밝히는 가로등은 언제부터 있었을까? 프랑스 파리에는 양초 가로등이 있었고, 석유 램프 같은 것을 집 밖에 걸어두긴 했지만 본격적으로 가로등이 등장한 것은 1807년 영국의 런던이야. 가스를 사용하는 가스등이 발명되어 가로등으로 등장한 거야.

 가스등은 영국 사람 윌리엄 머독이 처음 개발했어. 그는 주전자에 석탄을 넣고 태우면서 주둥이로 나오는 가스에 불을 붙여 보는 실험을 하였어. 그리고 가스에 불을 붙이면 얼마 동안 불꽃을 내며 탄다는 사실을 발견하고 가스등을 개발하였어.

 런던 거리에 가스 가로등이 세워진 이후 세계 주요 도시에 가로등이 등장하였어. 1879년에 에디슨이 전구를 발명하여 가로등에 전구를 사용하기 전까지 수십 년 동안 가스등은 도시의 밤거리를 밝혔어. 하지만

우리나라에서는 거의 쓰이지 않았고, 광산에서 굴 안에 뚫어 놓은 길을 밝히는 데 일부 사용하였어.

10대 발명품, 전등

사람들은 불부터 가스등에 이르기까지 여러 가지 조명 도구들을 만들었어. 하지만 이것들은 늘 화재가 나거나 폭발할 위험이 있었어. 많은 과학자들은 위생적이고 화재 위험이 없는 조명을 발명하려고 꾸준히 노력했어. 그것은 전기를 이용하는 것이었어.

에디슨의 백열전구

과학자들은 가느다란 도선(전기가 흐를 수 있는 선)에 전기를 흘려보내면 밝은 빛을 내며 타 버리는 것을 알아냈어. 도선이 타 없어지지 않고 오래 빛을 낸다면 더할 나위 없이 좋은 조명이 생길 수 있었던 거야.

많은 연구 끝에 공기가 거의 없는 진공 유리공 속에 탄소 필라멘트를 넣은 전등이 발명되었고, 1879년에 에디슨이 이틀 밤을 환하게 밝히는 전기 조명 실험에 성공하면서 드디어 전기를 이용한 조명 기구, 백열전구의 시대가 열렸어.

　그럼, 우리나라에는 언제 백열전등이 처음 들어왔을까? 놀라지 마. 에디슨의 실험이 성공한 지 불과 8년 만에 아시아 최초로 들어왔어. 1887년 3월, 고종 임금은 에디슨 전기 회사에 직접 부탁하여 발전기를 들여와 경복궁에 백열전등을 설치하였어. 서양의 신문물인 전등을 보고 놀란 사람들은 '도깨비불'이라 불렀어. 하지만 경복궁에 설치한 백열전등은 매우 불완전하여 성능이 등잔만도 못했어. 그래서 제 할 일도 못하고 돈만 많이 든다고 '건달불'이라고도 하였어. 그리고 13년 뒤인 1900년 4월에 서울 종로에 전기 가로등 3개가 켜지면서 우리나라에 전기 조명이 시작되었어.

빛을 내는 반도체, 엘이디(LED)

전등의 발명은 우리의 생활을 크게 바꾸었어. 인류 생활을 바꾼 10대 발명품에 주저 없이 꼽을 수 있을 만큼 말이야. 그리고 전구가 발명된 후에도 조명은 형광등부터 최근의 엘이디까지 끊임없이 발전하고 있어.

엘이디는 발광 다이오드라고 하는데, 컴퓨터 본체에서 하드 디스크가 돌아갈 때 깜빡이는 작은 초록색 불빛이나 높은 빌딩 위에 설치된 대형 전광판, 휴대 전화의 반짝이는 불빛 등 다양한 곳에서 빛을 만들어 낼 때 사용해.

엘이디는 백열전구가 쓰는 전기의 10분의 1도 안 써. 백열전구는 전기 에너지의 90퍼센트, 형광등은 70퍼센트를 열로 낭비하지만, 발광 다이오드는 전기 에너지의 거의 100퍼센트를 빛으로 바꾸기 때문이야. 게다가 수명은 전구의 100배 이상, 전기에 대한 반응 속도도 1,000배 이상 빨라서 전기 조명을 바꿀 새로운 발광체로 떠오르고 있어. 엘이디의 등장으로 대형 텔레비전이 널리 보급되었고, 엘이디를 이용한 작품들이 올림픽 개막식 등 큰 행사에 어김없이 등장하고 있어.

이제 빛은 단순히 밤을 밝히는 조명에서 벗어나 생활용품, 예술 작품의 소재로도 쓰이고 있어. 빛을 가지기 위한 끊임없는 노력 덕분에 사람의 생활은 다채롭게 변화해 왔고, 문명 또한 놀랍게 발전하고 있어.

기초 빛

1. 빛을 내는 것을 광원이라 한다.
   불이 타면 빨간 빛이 나오듯이, 뜨거운 물체는 빛을 낸다.
   광원에는 뜨겁지 않은 것도 있다.

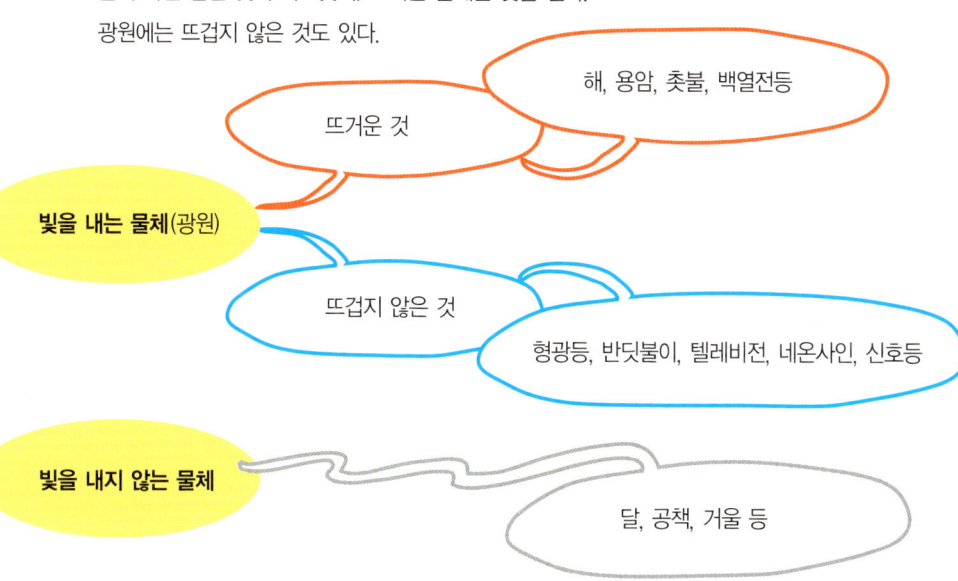

- 빛을 내는 물체(광원)
  - 뜨거운 것: 해, 용암, 촛불, 백열전등
  - 뜨겁지 않은 것: 형광등, 반딧불이, 텔레비전, 네온사인, 신호등
- 빛을 내지 않는 물체: 달, 공책, 거울 등

달은 밤에 빛나 보이지만, 달 스스로 빛을 내는 게 아니다.
햇빛을 반사하여 빛나는 것이다.

2. 광원은 자연에 존재하는 자연 광원과 사람이 만든 인공 광원으로 나눌 수 있다.
   - **자연 광원** 해, 별, 번개, 반딧불이, …
   - **인공 광원** 전등, 촛불, 텔레비전, 신호등, …

3. 빛 발명의 어제와 오늘

해 → 불 → 양초 → 등잔 → 남포등(램프) → 전등 → 엘이디

3 움직이는 빛

그림자 시를 완성해 보자.

그림자

내가 달리면 같이 달리고
내가 춤추면 같이 춤추고
내가 하는 대로 따라 하는
그림자는 흉내쟁이

아침에는 어른 되고
점심에는 아기 되고
내 키를 줄였다 늘였다 하는
그림자는 요술쟁이

_____

_____

_____

_____

우주에서 가장 빨라

바닷가나 섬에 가면 등대를 볼 수 있어. 등대는 불을 밝혀 밤에 배들이 길을 잃지 않도록 해 주는 안내자야. 전등이 발명되기 전에는 봉화가 등대의 역할을 하였어. 봉화는 전쟁이 나거나 나라가 위험에 처한 걸 알릴 때도 사용했어. 이처럼 불빛이 신호로 쓰일 수 있었던 것은 빛이 빨리 그리고 멀리까지 전달되기 때문이야.

1초에 지구 7바퀴 반을 도는 것.

지구에서 달까지 1.2초에 갈 수 있는 것.

1시간에 100킬로미터를 갈 수 있는 자동차로 177년 달려야 갈 수 있는 태양까지 단 8분 만에 갈 수 있는 것.

그게 바로 빛이야.

빛의 속도는 초속 2억 9,979만 2,458미터로, 우주에서 가장 빨라. 보통은 초속 약 30만 킬로미터(3억 미터)라고 말해.

400여 년 전만 해도 "빛은 너무 빨라서 속도를 잴 수 없어. 빛의 속도 따위는 없어. 빛의 속도는 무한해."라고 생각하였어. 하지만 갈릴레이는 "아니야, 빛의 속도를 구할 수 있을 거야."라며 다음과 같은 실험을 제안했어.

"두 사람이 뚜껑이 달린 램프를 가지고 각각 1마일(약 1.6킬로미터)쯤

? 빛이 지구에서 달까지 가는 데 1.2초 걸리면 달빛이 지구까지 오는 데 걸리는 시간은?

떨어진 언덕에 올라간다. 한 사람이 건너편 언덕에다 빛을 보내고, 건너편 사람은 빛을 본 즉시 빛을 봤다는 신호로 램프의 덮개를 열어 빛을 비춘다. 처음 빛을 보낸 순간부터 건너편에서 오는 빛을 보는 사이의 시간을 측정하면 빛의 속도를 구할 수 있다."

> **갈릴레오 갈릴레이**(1564~1642년)
> 이탈리아에서 태어난 철학자, 과학자, 물리학자, 천문학자. 지구가 태양 둘레를 돈다는 지동설을 주장하여 종교 재판까지 받았다. 수많은 업적으로 '근대 과학의 아버지'라 불린다.

이탈리아 지폐 속 갈릴레이

이 시간은 빛이 두 사람 사이를 왕복하는 데 걸리는 시간이므로, 만약 1초 걸렸다면 빛은 1초에 3.2킬로미터 간다고 할 수 있었어. 그러나 빛이 왕복하는 데 걸린 시간은 너무나 짧아서 이 방법으로는 빛의 속도를 잴 수 없었어.

> 빨라도 너무 빨라서 시간을 잴 수가 없네.

3. 움직이는 빛

비록 갈릴레이는 빛의 속도를 재지 못했지만, 이것을 계기로 여러 과학자들이 빛의 속도를 재는 데 도전하였어.

우선 1676년, 덴마크의 천문학자 올레 뢰머가 목성의 위성인 이오를 관찰하여 빛의 속도가 초속 2억 1,200만 미터라고 계산하였어.

프랑스의 물리학자 아르망 피조는 1849년에 움직이는 톱니바퀴를 이용하여 빛은 1초에 3억 1,300만 미터를 간다고 하였어.

답 1.2초

1862년, 레옹 푸코는 회전하는 거울을 가지고 실험하여 빛의 속도가 초속 2억 9,800만 미터라고 발표하였어.

1926년, 앨버트 마이컬슨은 푸코의 방법을 개량해 빛의 속도가 초속 2억 9,979만 6천 미터라고 발표했는데, 현재 우리가 알고 있는 빛의 속도와 0.001퍼센트밖에 차이나지 않아.

빛보다 빠른 것이 있다?

2011년 9월, 일본과 유럽 연구 팀은 빛보다 1억 분의 6초 빠른 소립자가 있다고 발표했다.
전 세계 과학계가 술렁였다. 하지만 연구 팀은 9개월 만에 실험 결과가 잘못됐다고 인정했다. 실험 기구를 연결하는 케이블이 잘못 접속된 것을 발견했고 다시 실험해 보니 빛보다 빠르지 않았다는 것. 과연 빛보다 빠른 물질은 없는 것일까?

빨리 가는 방법, 직진

햇살이나 레이저 불빛이 쏟아져 들어오는 걸 보면 빛은 옆으로 비켜 가거나 돌아가지 않아. 다른 것에 부딪히기 전까지 곧장 앞으로 나아가. 이것을 두고 빛은 직진하는 성질이 있다고 말해. 직진은 '곧을 **직** 直, 나아갈 **진** 進' 즉 곧게 나아간다는 뜻이야.

그럼 빛을 막아서면 어떻게 될까?

빛을 막아선 물체 뒤로는 빛이 닿지 않아서 어두운 부분이 생겨. 바로 그림자야. 그림자는 빛이 직진한다는 증거가 돼. 빛이 직진하지 않고 막아선 물체를 돌아 뒤로 휘어져 간다면 그림자는 생기지 않기 때문이지. 그림자는 물체의 모습과 똑같지는 않지만 잘 보면 그림자만 보고

빛이 없으면 그림자도 없어.

도 누구의 그림자인지 무엇을 하고 있는지 알 수 있어.

또 그림자를 잘 살펴보면 아침에 학교 갈 때는 나보다 더 길고, 점심시간에는 짧아지는 걸 알 수 있어.

옛사람들은 시간에 따라 그림자의 위치와 길이가 달라지는 것을 이용해서 시간을 쟀어. 바로 해시계야. 하지만 구름이 끼거나 비 오는 날에는 해시계로 시간을 잴 수 없었어. 햇빛이 없어서 그림자가 생기지 않기 때문이지. 마찬가지로 밤부터 새벽까지의 시간은 해시계로 알 수 없어. 아침에 해가 떠야만 시간을 알 수 있어.

해시계의 종류는 아주 많다.
우리가 직접 마당이나 운동장에
사람 해시계를 만들 수도 있다.

🌟 내 키와 내 그림자가 같은 때가 있을까?

1. 친구와 함께 서로 그림자를 그려 준다.

2. 12시, 1시, 2시, 3시에 해 본다.

3. 자로 그림자의 길이를 재 본다.

4. 내 키랑 그림자랑 언제 같아지는지 알아본다.

🌟 긴 그림자, 짧은 그림자 만들기

불빛과 물체가 가까우면 그림자가 길어지고, 멀면 짧아진다.

그림자 놀이

알맞은 대본을 쓰고 등장 인물과 배경을 만들어 친구들, 식구들과 그림자 연극을 해 보자.

색 그림자 만들기

그림자는 모두 어두운 색일까? 그렇지 않다. 색깔 있는 그림자를 만들 수 있다. 셀로판에 빛을 비추면 색깔 있는 그림자가 생긴다.

튕겨 나오는 빛, 반사

물체를 만난 빛은 어떻게 될까?

유리와 같은 물체를 만나면 빛은 그대로 통과해. 그래서 그림자가 없어. 벽이나 책 등에 부딪힌 빛은 일부는 물체에 흡수되고, 일부는 튕겨져 나오는데, 튕겨져 나오는 것을 '반사'라고 해.

반사된 빛이 우리 눈에 들어오면 우리는 물체를 볼 수 있어. 잘 닦아 놓은 유리창은 있는지 없는지 모를 때가 있는데, 유리창이 빛을 거의 다 통과시키고 반사시키지 않기 때문이야.

물의 표면과 거울은 빛을 아주 잘 반사해. 그래서 거울이나 물에 내 모습을 비추어 볼 수 있어.

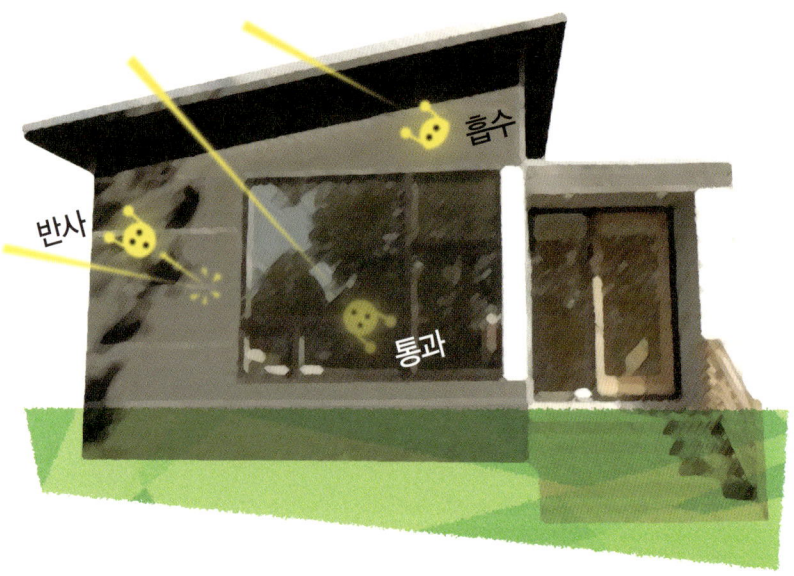

그런데 거울로 보는 모습은 진짜 내 모습과 같을까, 다를까? 답은 간단한 활동으로 바로 알 수 있어. 종이에 '가'자를 크게 써서 거울에 비추어 봐. 어떻게 보여? 오른쪽과 왼쪽이 뒤바뀌어 보인다고? 맞아. 거울 속에서는 물체의 오른쪽이 왼쪽이 되고, 왼쪽이 오른쪽이 돼. 그러니까 거울에 비치는 네 모습도 왼쪽과 오른쪽이 뒤바뀐 거야.

 활동

뒤를 볼 수 있어

1. 거울 앞에 선다.
2. 친구와 서로 번갈아 가며 등 뒤에 글자를 붙인다.
3. 다른 거울 하나를 이용하여 뭐라고 썼는지 맞춘다.
4. 누가 빨리 맞추는지 내기한다.
5. 한 글자 맞추기, 한 단어 맞추기, 한 문장 맞추기 등으로 단계를 높이며 해 본다.

거울을 두 개 나란히 놓고 보면 글자가 오른쪽, 왼쪽 바뀌지 않고 똑바로 보여!

거울을 가지고 친구에게 햇빛을 반사시키는 놀이를 해 본 적 없니? 우리가 장난삼아서 하는 거울 놀이를 가지고 전쟁에서 크게 이긴 사람이 있다고 해. 바로 그리스 과학자 아르키메데스야.

약 2,300여 년 전의 일이야. 지금의 지중해를 서로 차지하려고 로마

아르키메데스(기원전 287~기원전 212년)의 최후
기원전 212년 로마 군이 시라쿠사를 점령하였다. 이때 아르키메데스는 뜰에서 도형을 그리며 기하학 연구에 몰두하고 있었고, 다가오는 사람 그림자가 로마 병사인 줄도 모르고 "물러서라, 내 원이 망가진다."고 외쳤다. 로마 장군이 "아르키메데스는 죽이지 말라."고 명령하였으나, 미처 그를 알아보지 못한 로마 병사가 그를 살해하였다.

와 카르타고 간에 세 번의 전쟁이 벌어졌어. 세 차례의 전쟁 중 2차 전쟁이 한창이던 때, 로마가 대함대를 이끌고 시칠리아 섬의 시라쿠사를 공격해 왔어. 아르키메데스는 카르타고의 편에 서서 로마 군에 맞서 싸웠어. 대항할 만한 무기가 없었던 시라쿠사는 로마 군의 함대에 포위돼 궁지에 몰렸지. 이때 아르키메데스는 수십 개의 대형 청동 거울을 해안에 배치하여 로마 함대에 강렬한 태양 광선을 반사시켜 배를 불태우고, 노를 젓는 병사들이 방향 감각을 잃고 우왕좌왕하는 사이 총공격하여 로마 군을 무찔렀다고 해. 이런 일이 실제 있었는지 증거는 없어. 또 로마 군이 배에 불이 붙을 때까지 가만히 서 있었을 것 같지도 않아. 하지만 과학적으로는 충분히 가능한 일이지.

구부러지는 빛, 굴절

계곡에 놀러 가면 엄마나 아빠가 이렇게 말씀하셔. "조심해. 얕아 보여도 들어가면 훨씬 더 깊단다." 또 물속에 서 있으면 다리가 짧고 뚱뚱해 보이고, 유리잔에 빨대를 꽂고 보면 꺾인 것처럼 보여. 이런 현상은 왜 나타날까?

바로 빛의 '굴절' 때문이야. 굴절은 '꺾인다, 구부러진다'는 뜻이야. 빛은 곧장 나아간다고 했는데, 빛이 구부러진다니, 무슨 말이지?

빛이 직진하다가 다른 물질을 만나 통과할 때는 어떤 물질을 지나느냐에 따라 속력이 달라져. 유리나 물속을 지날 때는 공기 속을 지날 때보다 속력이 느려져. 그래서 공기 중에서 직진하던 빛이 물이나 유리를 만나면 두 물질이 만나는 면에서 빛이 꺾이는 거야.

반대로 빛이 물이나 유리에서 공기 중으로 나올 때도 빛이 굴절해.

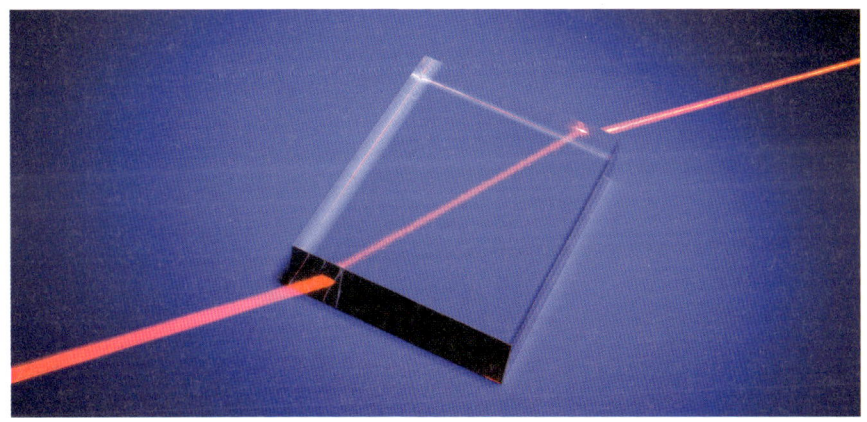

 활동

떠올라라, 떠올라라

1. 중앙에 대야를 놓고, 사람들을 대야 바닥이 보이지 않는 곳까지 물러서라고 한다.
2. 대야 바닥에 푸른색으로 동그라미를 그린다.
3. 대야에 물을 부으며 주문을 외운다. "떠올라라, 떠올라라."
4. 푸른색 동그라미가 보이는 사람은 손을 들라 한다. 과연 푸른색 동그라미는 떠오를까?

　　물을 부으면 물이 빛을 굴절시켜 대야 바닥에 있는 동그라미가 더 가까이 있는 것으로 보이니까 떠오르는 것처럼 보여. 이 실험은 사실 조선 시대 다산 정약용이 200여 년 전에 한 실험이야. 정약용은 이 실험의 결과를 '완부청설'이란 짧은 글로 남겼어. 완부청설은 '대야 가운데에 푸른 점이 떠오르는 것에 대하여'라는 뜻이야.

정약용(1762~1836년)
조선 시대 유명한 실학자. 서양의 학문을 받아들여 좋은 것은 하루빨리 우리 것으로 만들어야 한다고 생각했다. 청나라에 가는 사신이 있으면 서학 책을 구해 달라 해서 책 속의 원리를 알아내려고 애썼다.

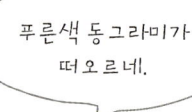 푸른색 동그라미가 떠오르네.

1. 빛의 직진
빛이 곧장 나아가는 성질
빛이 직진하기 때문에 그림자가 생긴다.
그림자를 보면 불 켜진 손전등은 ④번

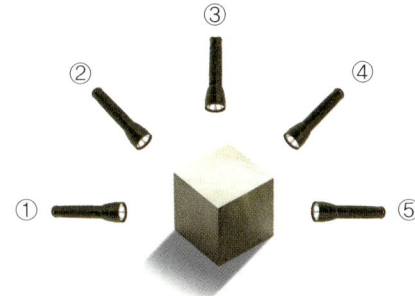

2. 빛의 반사
빛이 물체에 부딪혔을 때 되돌아 나오는 성질

3. 빛의 굴절
빛이 나아가다가 유리나 물을 통과할 때 꺾이는 현상

4. 빛의 위치에 따른 그림자의 크기
물체와 광원의 거리가 가까울수록 그림자가 커진다.
반대로 물체와 광원의 거리가 멀수록 그림자가 작아진다.

5. 빛의 속도
초속 2억 9,979만 2,458미터
현재까지 우주에서 빛보다 빠른 것은 없다.

투명 망토를 만들 수 있을까?

만화나 소설 중에는 주인공이 특수한 약을 먹고 투명 인간으로 변하여 악당을 물리치는 이야기들이 종종 나온다. 그러나 이런 것은 불가능하다고 한다. 몸을 투명하게 만들더라도 위 속의 음식물이나 몸에서 나오는 분비물, 몸에 달라붙는 먼지 등으로 쉽게 들키기 때문이다. 또 눈까지 투명해지면 아무것도 볼 수 없어서 활동을 할 수 없다는 약점도 있다.

그렇다면 〈해리포터〉에 나오는 투명 망토는 어떨까? 걸치면 몸이 보이지 않는 투명 망토는 만들 수 있을까?

과학자들은 오랜 시간 물체를 투명하게 만들 수 있는 기술을 연구해 왔다. 이들이 연구한 것은 바로 '빛'이었다.

우리가 사물을 볼 수 있는 것은 사물에 부딪힌 빛이 반사되어 우리 눈으로 들어오기 때문이다. 따라서 빛이 반사되지 않으면 사물을 볼 수 없다. 빛이 반사되지 않는 물질을 만들면 투명 망토를 만들 수 있는 것이다.

1967년에 러시아의 물리학자 빅토르 베셀라고는 빛을 반사하지 않고 다른 방향으로 향하게 만드는 물질이 존재할 수 있다고 밝혔다. 그의 주장은 오늘날 투명 기술 연구의 출발점이 되었다. 미국 듀크 대학의 데이비드 스미스 교수는 이 원리를 이용해 빛이 물체에 반사되거나 흡수되지 않고 물체의 뒤쪽으로 돌아가 마치 물체가 없는 것처럼 보이게 만드는 물질을 개발했다. 이것을 메타 물질이라고 한다.

메타 물질은 빛을 굴절시켜 물체가 보이지 않게 한다. 실제로 미국과 우리나라

등지에서 메타 물질을 이용하여 사물을 투명하게 하는 실험이 조금씩 성공하고 있다. 공상 과학 소설에서나 나오던 투명 망토가 만들어질지도 모른다.

  투명 기술은 여러 곳에 쓰일 수 있다. 예를 들어 의사가 투명 장갑을 끼고 수술을 한다면 손으로 가리는 부분이 없어서 더 안전하게 수술을 할 수 있을 것이다. 하지만 투명 기술이 자칫 좋은 일보다 무시무시한 전쟁 무기나 범죄에 쓰이지는 않을지 걱정의 목소리도 높다. 투명 망토를 만들 수 있다는 사실은 분명 흥미로운 일이지만 어떻게 사용하느냐도 중요한 문제다.

4 빛과 눈 세상을 보다

❀ 가운데 원의 크기는 같을까, 다를까?

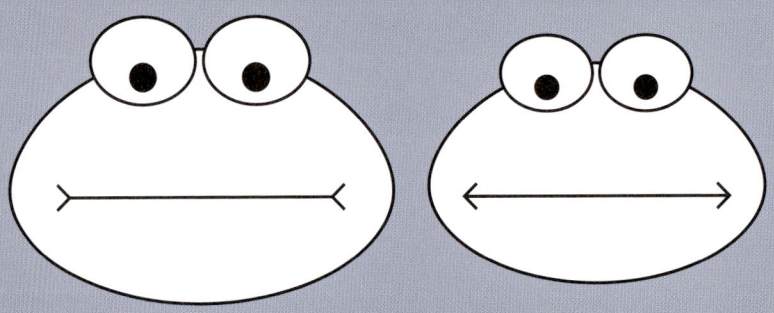

❀ 어떤 개구리의 입이 더 클까? 자로 재어 확인해 보자.

눈은 항상 정확할까?

🎱 ①번처럼 ②~⑦에 직선을 그려 봐. 반드시 자를 대고 곧게 그려야 해. 선들이 어떻게 보여?

물체를 보는 데 필요한 것, 빛과 눈

우리는 무엇으로 주변 사물을 볼까? 만약 잘 모른다면 눈을 감았다 떠 봐. 눈으로 본다는 것을 금방 알겠지? 그런데 사람이 무엇을 보려면 눈 말고 한 가지가 더 필요해. 바로 빛이야. 빛이 전혀 없는 깜깜한 곳에서는 아무리 눈을 크게 떠도 아무것도 안 보이잖아. 즉, 사람이 어떤 것을 보려면 빛과 빛을 느낄 수 있는 눈이 필요한 거야.

해나 별, 불빛을 볼 수 있는 것은 그것들이 내는 빛이 우리 눈에 들어오기 때문이야. 그럼 사과 같은 물체는 어떻게 보이는 걸까?

사과는 빛이 있는 곳에서는 잘 보이지만 빛이 전혀 없는 깜깜한 곳에서는 보이지 않아. 사과는 스스로 빛을 내지 못하기 때문이야. 사과

처럼 스스로 빛을 내지 못하는 물체들은 바깥의 빛을 받아서 반사해야 보여. 빛이 곧게 나아가다가 사과를 만나면 일부는 흡수되고, 일부는 반사되는데, 이 빛이 우리 눈에 들어오면 사과를 볼 수 있는 거야.

지금 주위를 둘러봐. 무언가 보인다면 그것은 물체 스스로 빛을 내거나 물체가 반사하는 빛이 있기 때문이야. 물론 이 책을 읽을 수 있는 것도 책이 빛을 반사하기 때문이지.

빛이 없으면 색도 없어

그런데 똑같은 햇빛을 반사해도 물체의 색깔은 제각기 달라. 왜 그럴까? 왜 사과는 빨갛게 보이고 나뭇잎은 초록으로 보이는 걸까? 원래 사과는 빨간색, 나뭇잎은 초록색을 가지고 있는 것일까? 이 궁금증의 답은 유명한 과학자 뉴턴이 밝혀 주었어.

1666년의 어느 날, 뉴턴은 프리즘을 들고 빛이 전혀 새어 들어오지 못하는 깜깜한 방으로 들어갔어. 그리고 창의 덧문에 난 구멍 앞에 프리즘을 놓고 좁은 틈으로 들어온 가느다란 햇살이 어떻게 되는지 보았어. 흰색의 한 줄기 빛은 프리즘을 통과하며 빨, 주, 노, 초, 파, 남, 보 무지개 색으로 나뉘었어. 빛에서 색을 발견한 거야.

"흰색 빛은 여러 색깔의 빛이 섞여 있는 것입니다."

뉴턴은 빛이 흰색처럼 보이지만 여러 가지 색이 섞여 있고, 프리즘이 여러 색을 나누어 보여 준 것이라고 주장하였어. 뉴턴의 실험으로 빛 안에 이미 여러 색이 들어 있다는 것이 밝혀진 거야.

사과가 빨갛게 보이는 것은 빨간빛만 눈으로 들어오기 때문이야. 사과는 햇빛을 받으면 다른 색깔 빛들은 모두 흡수하고 빨간빛만 반사해서 빨간색으로 보이는 거야. 마찬가지로 나뭇잎이 초록색으로 보이는 것은 초록빛만 반사하고 나머지 빛은 모두 흡수하기 때문이지.

물체는 저마다 다른 색깔의 빛을 흡수하고, 나머지 빛은 반사해. 그리고 물체가 반사하는 빛의 색이 바로 물체의 색깔이 되는 거야. 그래서 색깔을 빛깔이라고도 하는 거야.

그럼 검은색은 어떤 빛을 반사하는 걸까? 검은색으로 보이는 물체는

오호! 빛은 한 가지 색이 아니었어.

뉴턴

빛은 흰색보다는 투명에 가까워. 하지만 사람들은 예전부터 흰색 빛이라 여겨 햇빛을 백색광이라 불렀어.

모든 빛을 흡수해. 반사하는 빛이 없기 때문에 검은색으로 보이는 거야. 반대로 모든 빛을 반사하면 흰색으로 보이게 돼.

가시광선 너머의 빛

뉴턴은 한 가지 색인 줄 알았던 빛이 사실은 여러 가지 색이 섞인 거라는 것을 밝혔어. 그런데 이게 다가 아니었어. 빛을 연구하면서 눈에 보이는 빛 말고 눈에 보이지 않는 빛이 있다는 것이 밝혀졌어.

1800년, 영국에 우주를 연구하는 과학자 허셜이 있었어. 그는 빛과 열의 관계를 알아보기 위해 빛을 프리즘에 통과시켜 색깔별로 나눈 뒤 각각의 온도를 재는 실험을 하였어. 그러다가 우연히 아무것도 없는 빨

아니, 빨간빛 바깥이 왜 온도가 높지?

허셜

4. 빛과 눈 세상을 보다

간빛 바깥 부분의 온도가 가장 높게 나타나는 걸 발견했어. 눈에 보이지 않는 부분에 빛이 있다는 걸 발견한 거야. 이 빛은 빨간빛 너머에 있다 해서 넘빨강살 또는 적외선이라 불러. 보이지 않는 빛이 발견되면서 눈에 보이는 빛은 가시광선이라고 이름 지었어. 가시란 눈으로 볼 수 있다는 뜻의 한자 말이야.

적외선은 열을 잘 전달해. 전구를 켜면 따뜻한데, 적외선이 피부에 닿기 때문이야. 살아 있는 생물이나 열이 나는 물체에서는 적외선이 나와. 물론 우리 몸에서도 적외선이 나와.

우리는 날마다 적외선을 이용하고 있어. 텔레비전의 리모컨은 적외선을 이용하는 거야. 리모컨에서 적외선이 나오면 텔레비전에 적외선을 감지하는 센서가 있어서 텔레비전이 켜져. 리모컨 앞을 손으로 막으면 텔레비전이 안 켜지는데 이것은 적외선이 가로막히기 때문이야.

적외선이 쓰이는 곳

자동문 사람이 오면 문 위의 적외선 센서가 사람 몸에서 나오는 적외선을 감지하여 문을 열고 닫는다.
병원 치료 안과나 이비인후과 등에서 적외선 치료기를 사용한다.
일기 예보 인공위성에서 적외선 사진을 찍어 일기 예보에 사용한다. 적외선 사진은 일반 사진과 달리 밤에도 찍을 수 있다.

적외선은 보이지 않는데 적외선 치료기의 불빛은 왜 빨갛지?

불이 켜졌다는 것을 잘 나타내기 위해 빨간 렌즈를 끼웠기 때문이야.

'빨간빛 너머에 적외선이 있다면 보라색 너머에도 빛이 있지 않을까?' 허셜이 적외선을 발견했다는 소식을 들은 독일의 과학자 리터는 이런 의문을 가지고 보라색 너머의 빛을 발견하기 위해 고민했어.

그는 필름에 특정한 화학 물질을 묻히고 이 물질이 빛의 색깔에 따라 어떻게 반응하는지 실험하였어. 그리고 보라색 바깥쪽에서 가장 강한 반응이 일어난다는 사실을 발견하였어. 보라색 바깥쪽에 보이지 않는 빛이 있다는 걸 증명한 거야. 허셜이 적외선을 발견한 바로 이듬해인 1801년에 말이야. 이 빛은 보라색 너머에 있어서 넘보라살 또는 자외선이라 불러.

햇빛을 많이 쬐면 피부가 검어지는데 자외선의 작용 때문이야. 자외선은 너무 많이 쬐면 피부 세포를 파괴하여 피부병을 일으킬 수 있어.

리터

그래서 한여름에 밖에 오래 있을 때는 양산이나 모자를 쓰거나 자외선 차단제를 발라서 너무 많은 자외선을 쬐는 걸 피해야 해. 그렇다고 자외선이 나쁘기만 한 건 아니야. 세균 같은 미생물을 죽일 수 있어서 소독하는 데 쓰고, 자외선 사진은 범죄 수사에 사용하기도 해.

알 수 없는 빛, 엑스선

가방 속이나 몸속은 볼 수 없어. 우리가 보는 빛, 즉 가시광선이 물체를 통과하지 못하기 때문이야. 그러면 물체를 통과할 수 있는 빛은 없을까? 있어. 바로 엑스선이야.

엑스선은 사람의 몸이나 가방 같은 것을 통과해. 그래서 엑스선 촬영을 하면 몸속 사진이나 뼈 사진을 찍을 수 있어. 또 엑스선 촬영을 하

뢴트겐

뢴트겐은 엑스선으로 부인의 손을 찍어 보았다.
이것이 최초의 살아 있는 사람 뼈 사진이다.

면 가방을 열지 않아도 속이 훤히 보이므로 가방이나 짐 속에 위험한 물건을 숨겨 오는지 아닌지 알 수 있어.

엑스선도 보이지 않는 빛의 일종이야. 엑스선은 적외선과 자외선이 발견된 후로부터 90여 년이 지난 1895년에 독일의 물리학자 뢴트겐이 실험 도중 우연히 발견했어. 그는 실험 중 두꺼운 종이를 뚫고 나오는 알 수 없는 빛을 발견하고 엑스선이라 불렀어. 보통 알 수 없는 것을 엑스(X)라고 하거든. 뢴트겐은 엑스선의 발견으로 첫 번째 노벨 물리학상을 받았어. 이 밖에도 눈에 보이지 않는 빛이 더 있어.

태양이나 전등에서 나온 빛은 전기장과 자기장이라는 것이 일정한 시간 간격으로 진동하면서 공간에 전달돼서 '전자기파'라고 불러. 전자기파는 파장의 크기에 따라 여러 가지가 있어.

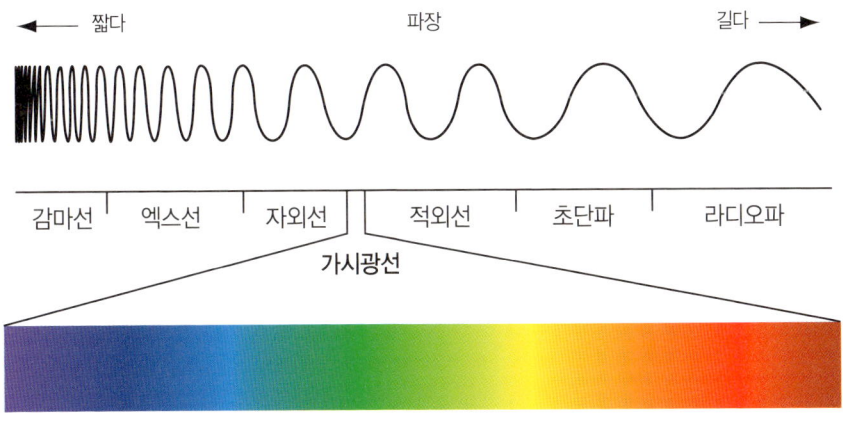

가시광선은 전체 빛의 100분의 1도 안 된다.

사람의 눈

감았던 눈을 뜨면 눈을 뜨는 것과 동시에 주변의 풍경을 볼 수 있어. 우리는 어떤 과정을 거쳐 물체를 보는 걸까? 또 물체가 보이기까지는 얼마나 걸릴까?

물체에서 반사된 빛은 눈을 거쳐 정보가 뇌에 전달돼. 그러면 뇌에서는 그것이 무엇인지를 이해해. 어떤 물체를 본다는 건 이런 과정 전체를 말해. 연필을 본다면 연필에서 반사된 빛은 우리 눈의 각막-눈동자-수정체-유리체를 차례로 지나 망막에서 상이 거꾸로 맺혀.

이 정보는 전기 신호로 바뀌어 시신경을 타고 뇌에 도달하는데, 걸리는 시간은 겨우 0.04초, 길어야 0.3초라고 해. 아주 짧은 '순간'에 이루어지는 거야.

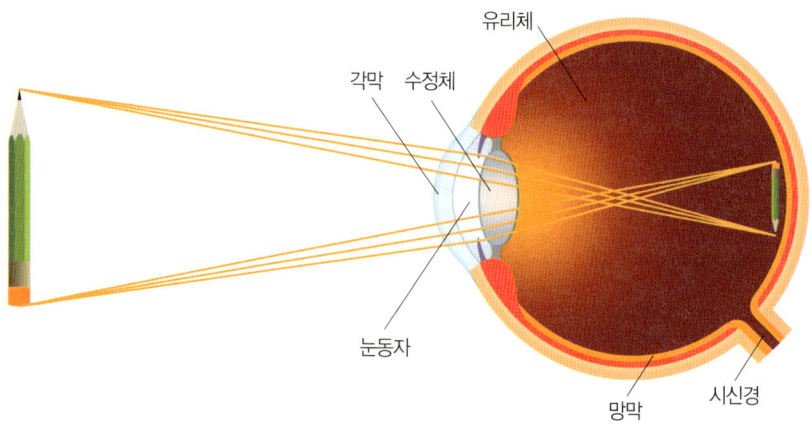

사람 눈의 생김새

까만 눈동자, 파란 눈동자, 갈색 눈동자?

까만 눈동자, 파란 눈동자, 갈색 눈동자 같은 말은 사실 틀린 말이다. 사람의 눈동자는 동양인, 서양인 할 것 없이 모두 까맣다. 흔히 파란 눈동자라고 할 때 그 눈동자는 눈동자 둘레에 있는 눈조리개(홍채)를 일컫는 말이다.

눈조리개는 밝은 곳에서는 늘어나 눈동자를 작게 만들고 어두운 곳에서는 줄어들어 눈동자를 크게 만들어서 눈에 들어오는 빛의 양을 조절한다. 사람의 눈 색깔은 눈조리개의 색깔 때문에 달라진다. 즉, 눈의 색깔을 결정하는 것은 눈동자가 아니고 눈조리개의 색깔이다.

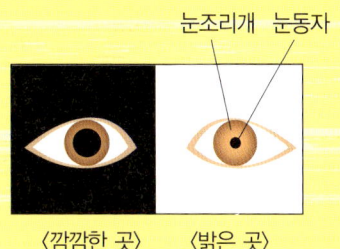

〈깜깜한 곳〉 〈밝은 곳〉

눈의 뒤쪽에 있는 망막에는 약 1억 개의 빛을 느끼는 세포가 있어. 이 세포에는 두 가지 종류가 있어. 한 가지는 명암을 구분하여 밤에 잘 볼 수 있게 해 주는 세포인데, 약 9천 만 개가 있어. 또 하나는 낮에 잘 볼 수 있게 하며, 색을 구별하는 세포로 약 600~700만 개가 있어.

색을 구별하게 해 주는 세포에는 붉은색, 초록색, 파란색을 구별하는 세 가지 색소 세포가 있어. 이중 어느 한 색의 세포라도 없으면 색을 잘 구별하지 못하는데 그걸 색맹이라고 해. 특히 빨간색과 초록색을 구별하지 못하면 적록

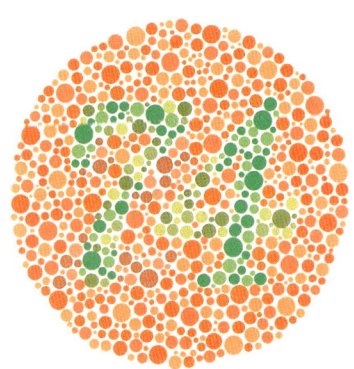

색맹 검사지. 적록 색맹인 사람에게는 숫자가 뚜렷이 보이지 않는다.

색맹이라고 해. 학교에서 신체검사할 때 빨강, 파랑, 초록색 점이 찍힌 종이를 보고 숫자를 알아맞히는 검사를 하지? 바로 색맹인지 아닌지 알아보려는 거야. 색맹은 부모로부터 유전되는 거야.

무게 7그램, 지름 2.4센티미터, 탁구공만 한 우리 눈. 눈은 항상 정확할까?

아래 그림을 봐. 왼쪽 그림에서 가로선들이 나란할까, 나란하지 않을까? 보기에는 삐뚤어져 보이지만 사실은 나란해. 오른쪽 그림 위에 왼쪽 그림처럼 짧은 선을 그어 보면 쉽게 확인할 수 있어.

눈은 언제나 정확한 것은 아니야. 지금 본 것처럼 어떤 것은 제대로

보지 못하고, 어떤 것은 전혀 엉뚱하게 보기도 해. 하지만 걱정 마. 네 눈은 지극히 정상인 거야. 어떤 사물이 주변의 영향을 받아 달리 보이는 것뿐이야. 이런 현상을 착시라고 해. 달도 지평선 위에 떠 있을 때는 보름달처럼 커 보이지만 밤하늘 한가운데 있으면 상대적으로 작게 느껴져. 이것도 착시 때문이야.

사람 눈의 착시 현상은 재미있는 걸 선사하기도 해. 바로 영화야.

영화의 필름은 한 컷씩 정지되어 있는 그림에 불과한데, 여러 그림이 끊이지 않고 비춰지면 움직이는 그림으로 보여. 그림을 본 후 0.1초 정도는 그림의 잔상이 우리 눈에 남아 있기 때문이야. 보통 영화 필름은 1초에 18~24컷 정도의 그림이 지나가. 직접 확인하고 싶으면 다음과 같이 해 봐.

 활동

로켓 날려 보기

1. 책의 묶음 부분을 왼손으로 잡는다.
2. 책의 오른쪽 부분을 쫘르르 소리가 나도록 넘기며 로켓이 그려진 부분을 들여다본다.
3. 그림이 움직이는가?

인류에게 보는 감각, 즉 시각이 없다면 모든 것을 만지고, 냄새 맡고, 맛보고, 듣는 것으로 알게 되었을 거야. 그랬다면 인류가 알고 있는 정보의 양은 지금보다 훨씬 적을 거야. 물론 빛을 볼 수 없었다면 그 대신 냄새 맡거나 듣거나 피부로 느끼는 능력이 훨씬 더 커졌겠지만, 사람이 얻는 정보의 80퍼센트는 보는 것으로 얻어진다고 하니 말이야.

세상을 인식하는 데 눈이 큰 역할을 하지만 그렇다고 눈이 모든 것을 볼 수 있는 것은 아니야. 눈은 빛을 이용하여 사물을 보기 때문에 빛이 없는 어둠 속에서는 제 역할을 못해. 또 사람은 햇빛이 쏟아 내는 많은 광선 중에서 겨우 가시광선만 이용하고, 일정한 크기보다 작은 물체는 보지 못하니 부족하고 모자라다고 생각할 수도 있어.

사람의 눈이 적외선 안경같이 어둠 속에서도 열을 감지하여 주변에 무엇이 있는지 알아채면 어떨까? 먼지나 세균같이 작은 것까지 다 볼 수 있고, 가시광선 외에 엑스선, 감마선 같은 것까지 다 이용할 수 있다면 좋을까? 그러면 어떤 일이 벌어질까? 한 번 상상해 보는 것도 재미있지 않을까?

1. **본다** 물체가 내는 빛이나 반사시키는 빛을 보는 것

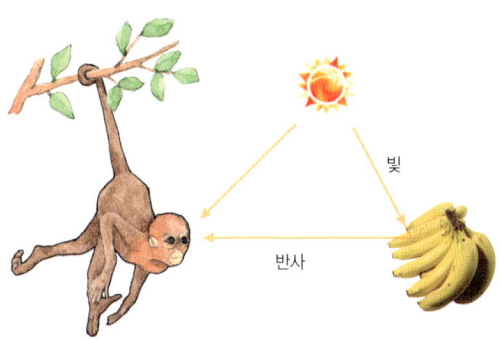

2. 여러 가지 빛

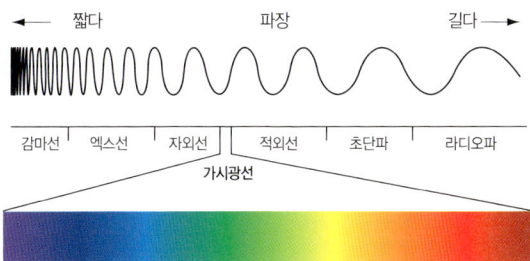

3. 눈의 생김새

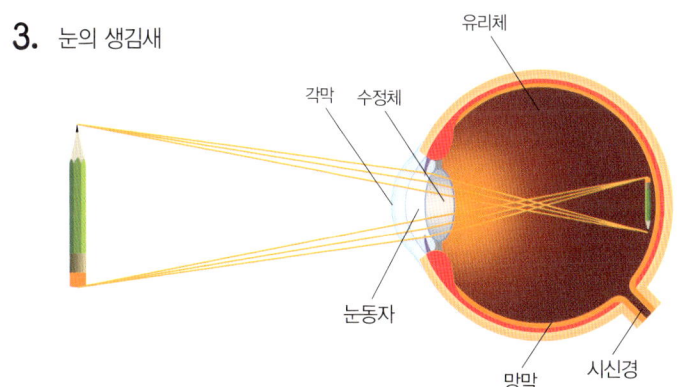

색에도 다 이유가 있어

위험 신호는 왜 빨간색일까

소방차나 신호등의 정지 신호처럼 위험을 알리는 신호들은 대부분 빨간색을 사용한다. 이것은 세계 여러 나라에서 공통적으로 나타난다.

빨간색을 위험 신호로 쓰는 것은 빨간색이 색깔 중에서 가장 멀리까지 보이기 때문이다. 빛이 공기 중에서 전달될 때는 공기 중의 작은 입자와 충돌하여 사방으로 흩어지는데, 이 현상은 파란색 쪽으로 갈수록 더 잘 일어난다. 빨간색은 잘 흩어지지 않으므로, 멀리까지 선명하게 전달된다.

또 사람은 빨간색 빛을 받았을 때 다른 색보다 근육이 빠른 반응을 보인다고 한다. 여러 가지 색의 빛을 비추며 근육 반응을 알아보는 실험을 한 결과, 빨간색 빛을 받았을 때는 평소보다 반응이 빨라지고, 초록색 빛을 받았을 때는 느려진다는 것을 발견하였다. 이런 걸 보면 위험 신호로는 빨간색이 제격이다.

사막에서 검은 옷을 입는 이유

빛이 많이 내리쬐는 사막에서는 빛을 모두 반사하는 하얀 옷을 입어야 할 것 같다. 그런데 시나이 사막에 사는 베두인 족은 검은 천으로 된 헐렁한 옷을 입고 산다. 검은 옷이 흰옷보다 더 더울 텐데 이유가 뭘까? 검은 옷을 입으면 흰옷에

비해서 옷 안의 온도가 섭씨 6도쯤 더 높아진다. 데워진 공기가 옷 안에 남아 있으면 덥겠지만, 옷의 윗부분이 헐렁하기 때문에 데워진 공기가 위로 올라가 옷의 윗부분으로 빠져나간다. 그리고 밖의 공기가 아래의 터진 곳으로 들어와 몸 주위로 언제나 바람이 불게 된다. 바람이 분다고 해서 기온이 내려가는 것은 아니지만 땀이 잘 증발하기 때문에 시원하게 느껴진다.

어우, 시원해!

고등어 등이 푸른 이유

정어리, 청어, 꽁치, 고등어 같은 물고기들을 등푸른 생선이라 한다. 등은 푸르고, 배 쪽은 은백색이기 때문인데, 여기에도 다 이유가 있다.

하늘에서 바다를 내려다보면 검푸른색으로 보인다. 그러나 바닷속에 들어가 위쪽을 쳐다보면 해면은 햇빛을 받아 은백색으로 보인다. 고등어나 꽁치 같은 물고기들은 계절에 따라 해류를 타고 이동하는데 등 색깔이 하늘에서 내려다본 바다색과 같아 바닷새에게 들키지 않고 몸을 숨길 수 있다. 배 색깔은 밑에서 올려다본 해면과 같은 은백색이기 때문에 밑에 있는 큰 물고기들 눈에 띠지 않는다. 즉, 몸을 보호하는 보호색인 것이다.

오늘따라 물고기가 잘 안보이네.

어디 갔어? 고등어.

4. 빛과 눈 세상을 보다　69

5 빛과 생물

동물 눈으로 보는 세상은 어떤 모습일까?

누가 보면 왼쪽 그림처럼 동그랗게 보일까? 번호를 골라 봐.

투르느솔이 뭘까?

식물이 잘 자라려면 물과 공기, 빛 이 세 가지가 꼭 필요해.

특히 식물은 빛을 이용하여 동물이 할 수 없는 특별한 일을 하는데, 바로 영양분을 만드는 일이야. 산이나 길에 있는 풀과 나무는 돌보는 사람이 없어도 무럭무럭 잘 자라. 이것은 식물이 스스로 영양분을 만들 수 있기 때문이야. 식물이 햇빛을 받아 잎에서 영양분을 만드는 것을 광합성이라고 해. 식물이 영양분을 만들어 잘 자라고 열매를 맺으면 동물들은 이것을 먹이 삼아 살아가. 그러니까 식물은 빛을 이용해 지구에 사는 모든 생물의 영양분을 만들어 내는 공장이라 할 수 있어.

그뿐 아니야. 식물은 광합성을 할 때 이산화탄소를 들이마시고, 산소를 내보내. 산소는 동식물이 숨 쉬는 데 꼭 필요하고, 공기를 맑게 만드는 역할을 해. 숲에 가면 공기가 상쾌하게 느껴지는 것은 바로 식물이 산소를 많이 내뿜어 공기가 맑기 때문이지.

산소와 영양분을 만들어 내는 식물의 광합성. 식물에게 광합성 하는 능력이 없었다면 지구에는 식물도 동물도 존재할 수 없었을 거야.

식물은 햇빛 쪽으로 휘어지면서 빛을 향해 자라는데, 식물들이 왜 빛을 향해 굽어 자라는지 알겠지? 빛을 향해 자라야 빛을 많이 받아서 더 많은 양분을 만들 수 있다는 것을 식물이 알기 때문이지. 식물이 하늘을 향해 높이 자라는 것도 빛을 좀 더 많이 얻기 위해서야.

옛사람들도 식물이 빛을 향해 자라는 것을 보고 식물에게는 빛이 필요하다는 것을 알았어. 프랑스에서는 해바라기를 투르느솔이라 하는데 '해를 향해 몸을 돌린다'는 뜻이야. 우리나라 말과 뜻이 똑같은 것이 재미있지?

 활동

식물이 더 잘 자라는 색깔의 빛이 있을까?

1. 다섯 개의 작은 화분에 크기가 비슷한 같은 종류의 식물을 심는다.
2. 화분이 들어가고도 남을 만한 상자 5개를 준비한다.
3. 상자의 윗면을 잘라 내고, 옆면은 네 군데 모두 동그랗게 구멍을 뚫는다.
4. 상자의 윗면과 옆면을 각각 빨간색, 노란색, 파란색, 초록색 셀로판으로 씌운다.
5. 상자에 화분을 하나씩 넣고, 햇빛이 잘 드는 곳에서 똑같이 물을 주며 키운다. 물은 다른 색의 빛을 받지 않아야 하므로 밤에 주는 것이 좋다.
6. 3~4주 후에 각각의 키와 무게를 재서 비교해 본다.

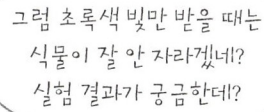

식물 잎이 초록색인 것은 초록색을 반사하기 때문이야. 초록색 빛은 흡수하지 않는다는 뜻이지.

그럼 초록색 빛만 받을 때는 식물이 잘 안 자라겠네? 실험 결과가 궁금한데?

빛과 동물

모든 식물은 햇빛을 필요로 해. 그늘진 곳에서 잘 자라는 이끼나 고사리 같은 식물도 빛이 전혀 들지 않으면 살 수 없어. 하지만 동물 중에는 빛을 좋아하는 동물과 싫어하는 동물이 있어.

빛을 싫어하는 동물들은 대부분 밤에 활동을 해. 밤에 활동하는 동물은 야행성 동물이라 하는데, 부엉이, 올빼미, 박쥐, 나방, 반딧불이 같은 것이 있어. 야행성 동물은 올빼미나 부엉이처럼 아주 약한 빛도 잘 볼 수 있도록 눈이 크거나, 박쥐처럼 보이지 않아도 잘 들을 수 있도록 귀가 발달되어 있어. 나방이나 반딧불이는 자기들을 잡아먹는 새들이 많은 낮에는 나무나 풀 주위의 어두운 곳에 숨어 있다가 밤에 나와서 활동해.

그런데 여름밤에 환하게 켜진 가로등 주위로 나방이 수없이 모여드는 것을 볼 수 있어. 나방은 왜 불빛만 보면 모여드는 것일까? 야행성인데 빛을 좋아하는 걸까? 불빛을 향해 날아오는 곤충들은 사실 빛을 좋아하는 것이 아니라고 해. 불빛을 태양으로 착각하고 잘못 날아온 것이라고 해. 나방 같은 동물은 햇빛과 일정한 각도를 이루면서 날아다녀. 그런데 햇빛은 지구 모든 곳에 평행하게 도달하지만 전등 빛은 태양처럼 평행하지 않고 전등을 중심으로 사방으로 퍼져 나가. 불빛을 태양으로 착각한 나방은 낮처럼 불빛과 일정한 각도를 유지하면서 날지만 실제로는 빙글빙글 나선형을 그리며 불빛으로 다가가게 되는 거야.

어류 중에서는 오징어나 멸치, 갈치 등이 밝은 빛을 향해 모여들어. 이들이 빛을 향해 모이는 성질을 이용하여 고기잡이를 하기도 해. 먼 바다에서 여러 개의 전등을 켜 놓은 배들을 본 적이 있을 거야. 이 전등들은 빛을 향해 모이는 오징어를 잡기 위해 켜 놓은 것들이야.

반짝반짝 빛나는 생물들

밤에는 화려한 조명들이 낮보다 더 찬란한 빛으로 세상을 가득 채워. 그런데 사람이 만든 인공 빛보다 더 아름답고 예쁜 빛을 내는 생물이 있어. 몸에서 빛을 내는 생물은 발광생물이라고 하는데, 발광생물은 쉽

화경버섯. 밤이 되면 갓 부분에서 빛이 나온다.

반딧불이

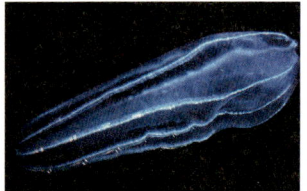
플랑크톤의 일종

 게 볼 수 없어. 주로 캄캄한 동굴이나 깊은 바닷속처럼 빛이 잘 닿지 않는 곳에서 살기 때문이야. 그래서 연구도 더뎌. 지금까지 200만 종의 발광생물이 알려졌는데, 아직 발견하지 못한 것이 많을 거로 생각되고 있어. 우리 주변에서 쉽게 볼 수 있는 발광생물에는 반딧불이가 있어. 반딧불이는 배 끝 부분에서 강한 연두색 빛을 뿜어내.

 그럼, 발광생물은 왜 빛을 내는 걸까? 발광생물이 빛을 내는 이유는 조금씩 다른데, 크게 세 가지로 나눌 수 있어.

 첫 번째는 먹이를 사냥하기 위해서야. 깊은 바다에 사는 아귀는 물

아귀는 빛으로 물고기들을 끌어들여 잡아먹는다.

고기들을 빛으로 끌어들여 잡아먹어. 아귀의 머리 위에 달린 긴 막대 안에는 발광 세균이 살고 있어서 빛이 나. 작은 물고기들이 이 빛을 보고 몰려들면 그때 잡아먹는다고 해.

두 번째로 적을 물리치거나 적의 눈에 띄지 않기 위해 빛을 이용하는 경우도 있어. 모두 자신을 보호하는 일이야. 물속의 생물이 위에서 내리쬐는 햇빛을 받으면 몸에 그늘이 지는데, 이 그늘은 적의 눈에 잘 띄어. 도끼고기는 몸 아래쪽에서 빛을 내어 몸이 만드는 그늘을 없애서 자신을 보호해.

도끼고기

세 번째는 짝을 찾기 위해서야. 반딧불이는 암컷과 수컷이 일정한 간격으로 빛을 주고받으며 짝을 찾아. 반딧불이는 2000종이나 되는데, 종마다 깜빡이는 불빛이 달라. 깜빡이는 불빛의 모양과 세기를 보고 자신이 어떤 종인지를 알리고, 자신에게 알맞은 짝을 찾아내. 다른 곤충들은 짝을 찾기 위해 냄새나 소리를 이용하지만 밤에 활동하는 반딧불이는 자신의 몸에서 나는 빛을 이용하는 게 가장 쉬운 일이야.

발광생물은 어떻게 빛을 낼까?

발광생물은 발광 물질을 가지고 있다. 이것이 효소의 도움을 받아 산소와 만나서 빛을 내는 경우가 많다. 반딧불이는 루시페린이라는 발광 물질과 루시페레이스라는 발광 효소를 가지고 있다.

〈반딧불이가 빛을 내는 과정〉

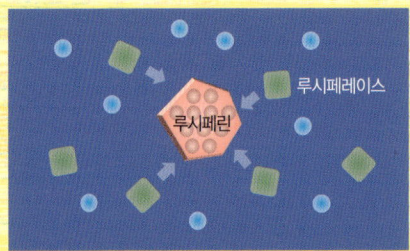

❶ 루시페린이 세포 내에서 활성화되어 활성 루시페린으로 바뀌고 루시페레이스의 도움을 받는다.

❷ 루시페레이스 덕분에 활성 루시페린이 산소와 만난다.

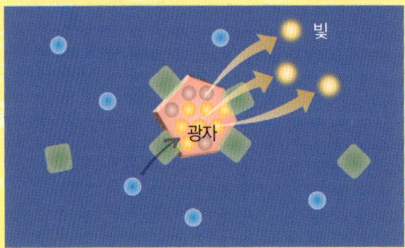

❸ 활성 루시페린이 산소와 만나면 빛을 내는 광자를 만든다. 반딧불이가 빛을 낸다.

반딧불이의 빛은 얼마나 밝을까?

옛말 중에 '형설지공'이란 말이 있다. 반딧불이의 빛과 겨울에 내리는 눈의 빛을 가지고 공부한다는 뜻인데, 정말 가능할까? 실험에 따르면 반딧불이 20마리 정도면 책을 읽을 수 있다고 한다.

동물의 눈

무엇인가가 내 주위에 있다는 것을 어떻게 느낄 수 있을까? 만지거나 냄새를 맡거나 상대방이 내는 소리를 듣고 알 수 있을 거야. 그런데 만지거나 닿는 것으로 느끼는 것은 상대가 아주 가까이 있을 때만 가능하므로 만약 상대가 적이라면 위험에 빠지게 돼. 냄새나 소리는 좀 더 멀리서도 알아차릴 수 있으므로 이것보다는 덜 위험할 거야.

무엇보다도 강력한 것은 눈으로 보는 거야. 눈으로는 밤하늘 별처럼 아주 먼 거리에 있는 것까지도 볼 수 있고, 만지거나 냄새 맡는 것으로는 알 수 없는 사물의 크기, 동작, 색깔까지 알 수 있어. 게다가 눈은 지구를 가득 채우고 있는 햇빛을 공짜로 이용하여 보니까 에너지 손실도 적어. 그래서 그럴까? 동물의 95퍼센트 이상은 여러 가지 다양한 형태의 눈을 갖고 있어. 물론 개나 늑대같이 눈으로 보는 것보다 냄새로 더 잘 알아차리는 동물도 있지만.

그럼 동물들의 눈으로 보는 세상은 어떤 모습일까? 동물들은 사람보다 색도 구별 못 하고 자세히 보지 못할 거라 생각하면 틀린 생각이야. 겨우 밝고 어두움만 구별하는 동물도 있고, 흑백으로만 보는 동물도 있지만 많은 동물들이 색을 구별할 수 있어. 또 사람이 보지 못하는 적외선이나 자외선을 보는 것도 있어. 동물의 눈에 세상은 완전히 다르게 보여.

색을 잘 구별하는 동물들

원숭이, 새, 곤충, 대부분의 물고기들은 색을 잘 구별해.

색을 잘 구별하면 먹이를 찾는 데 아주 유리해. 잘 익은 빨강 열매와 덜 익은 초록 열매를 잘 구별할 수 있거든.

육식성 새들은 색을 잘 구별할 뿐 아니라 동물 중에서 시력이 가장 좋아. 높은 하늘에서 땅 위의 동물을 노리려면 좋은 시력이 꼭 필요해. 새 중에서도 가장 시력이 좋은 것은 매 종류야. '매의 눈'이라는 말이 있듯이 매는 사람보다 4~8배 멀리 볼 수 있어. 하지만 밤에는 맥을 못 춰. 반대로 새 중에서 올빼미 같은 야행성 새는 낮에는 완전히 색을 구별 못 하지만, 밤에는 솜씨 좋은 사냥꾼으로 변해.

물속에 사는 물고기는 눈꺼풀이 없어. 눈꺼풀은 눈에 먼지가 앉거나 눈알이 메마르는 것을 막아 줘. 물고기는 물속에 살아서 눈이 메마를 염려가 없고, 먼지 또한 물에 씻겨서 눈에 잘 앉지 않기 때문에 눈꺼풀이 필요 없어. 눈꺼풀이 없으니까 물고기는 잠 잘 때도 눈을 뜨고 자는 것처럼 보여. 물고기의 수정체는 구슬처럼 둥글어서 180도로 사물을 볼 수 있다고 해.

색을 잘 구별하지 못하는 동물들

개나 고양이, 쥐 같은 동물은 색을 잘 구별하지 못해. 이들에게는 세상이 대부분 흑백으로 보이고 노랑이나 파랑이 조금 보여.

개는 색깔을 구분하는 세포가 적어서 빨강과 초록을 보지 못 해. 개가 보면 초록색은 옅은 노란색으로, 빨간색은 짙은 노란색으로 보여. 시각 장애인을 도와주는 안내견은 신호등을 색깔로 구별하는 게 아니고, 빨간불과 초록불의 위치를 훈련받아 위치로 구별하는 거라고 해.

사람과 개가 느끼는 색의 차이

투우를 할 때, 빨간 망토만 보면 달려드는 소는 어떨까? 빨간색이 잘 보이는 걸까? 소도 색을 구별하지 못해. 단지 망토가 펄럭이니까 달

사람이 보는 모습 　　　　　소가 보는 모습

려드는 거야. 무엇이든 소의 눈앞에서 흔들면 소는 흥분해. 투우사가 빨간 천을 흔드는 것은 모두 사람을 위한 거야. 빨간색은 멀리서도 잘 보이고 사람을 잘 흥분시키기 때문이지.

사람에게 보이지 않는 세상을 보는 동물들

나비와 벌은 사람이 볼 수 없는 자외선을 보고, 뱀은 적외선을 느낄 수 있어.

자외선 카메라로 꽃을 찍어 보면 꿀이 있는 꽃 안쪽으로 갈수록 더 짙게 보여. 나비와 벌은 자외선이 보내는 신호를 보고 꿀이 있는 꽃의 중앙으로 잘 찾아갈 수 있어.

오른쪽은 왼쪽 꽃을 자외선으로 찍은 것

뱀은 낮과 밤에 다 볼 수 있어. 낮에는 세상이 흑백으로 보이는데, 그 속에서 물체가 움직이면 그 움직임을 아주 재빨리 알아채. 뱀은 눈 밑에 적외선을 느끼는 특별한 세포가 있어서 밤에도 볼 수 있어. 뱀은 먹이에게서 나오는 적외선을 느끼고 먹이에게 다가가서 잽싸게 잡아먹어. 밤에 뱀이 보는 세상은 적외선 안경을 쓰고 보는 모습처럼 보일 거야.

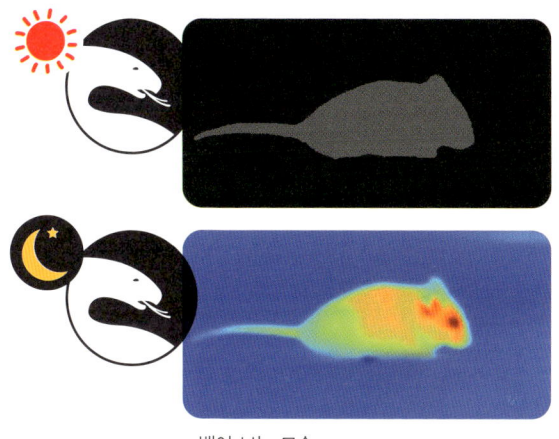

뱀이 보는 모습

고양이 눈은 왜 빛날까?

고양이나 올빼미처럼 주로 밤에 활동하는 야행성 동물들은 어떻게 볼까? 야행성 동물의 망막 뒤쪽에는 빛을 반사하는 반사판이 있다. 망막을 통과해 온 빛이 그곳에 부딪쳐 다시 반사되면 희미한 빛 속에서도 잘 볼 수 있다. 밤에 고양이 눈을 보면 반짝반짝 빛나는데 바로 이 반사판에서 반사된 빛 때문이다. 고양이는 사람이 보는 데 필요한 빛의 100분의 1만 있어도 사물을 볼 수 있다.

생각이 크는 숲

쇠라 「그랑드자트 섬의 일요일 오후」

네 눈에도 뭐가 보이기는 하니?

동물들이 보는 세상은 어떨까?

물고기 눈에는 세상이 동그랗게 보이고, 잠자리 눈에는 모자이크로 보인다. 개는 색을 잘 구별하지 못하지만, 원숭이는 색을 놀라울 정도로 구별한다.

그러면 과학자들은 이런 사실을 어떻게 알 수 있을까? 동물들이 말을 할 수 있는 것도 아닐 텐데 말이다.

먼저 동물 눈을 해부하여 눈의 구조를 보고 알 수 있다. 시세포를 조사해서 명암을 구분하는 세포와 색깔을 구별하는 세포가 얼마나 있는지 알아본다. 명암을 구분하는 역할을 하는 세포만 있다면 세상은 흑백사진처럼 보인다. 색깔을 구별하는 역할을 하는 세포를 많이 가지고 있다면 그 동물은 색을 구별할 수 있다. 야행성 동물을 조사해보면 낮에 움직이는 동물보다 명암을 구분하는 세포가 더 많음을 알 수 있다.

다음으로 수정체의 모양을 살펴보면 동물이 보는 세상을 추측해 볼 수 있다. 수정체가 동그란 물고기에게 세상은 동그랗게 보일 것이며, 따라서 물고기가 보는 세상은 그리 넓지 않다는 것을 안 수 있다.

과학자들은 동물이 사물을 어떻게 보는지 실험, 관찰을 반복하여 알아낸다. 예를 들어 고양이 눈동자의 움직임을 추적하면서 고양이가 큰 물체보다는 작은 물체, 정지된 사물보다는 움직이는 사물을 더 정확하게 볼 수 있다는 것을 알아낸다. 언젠가 동물의 눈동자를 컴퓨터와 연결하는 기술이 나온다면 실제 동물이 보는 세상을 알게 될 것이다.

6 구석구석 편리한 빛

커져라 오목 거울, 넓어져라 볼록 거울

우리가 늘 사용하는 도구들 중에는 빛을 이용한 것이 많아.

아침, 저녁으로 보는 거울은 빛의 반사를 이용하는 도구야. 보통 유리 뒤쪽에 금속 물질을 발라서 만들어. 거울은 우리가 날마다 보는 평평한 것만 있는 게 아니야. 금속을 구부리거나 유리를 깎아서 만든 오목 거울과 볼록 거울도 있어.

 활동

숟가락 거울

날마다 쓰는 숟가락을 이용해 오목 거울이나 볼록 거울로 볼 때 상이 어떻게 보이는지 알아보자.
숟가락 안쪽은 오목 거울, 바깥쪽은 볼록 거울이라 할 수 있어.
밥 먹기 전에 얼굴 한 번 비춰 봐. 어떻게 보여?
보이는 대로 그려 봐.

빛이 거울의 종류에 따라 다르게 반사되기 때문에 거울에 보이는 모습도 달라져. 평면 거울은 빛이 들어올 때와 나갈 때 각도가 같고 평행해서 거울에 비추는 상의 크기가 물체의 크기와 같아.

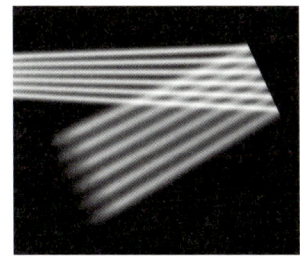

평면 거울의 빛 반사

상의 크기와 물체의 크기가 같다.

레오나르도 다빈치와 거울

천재 화가이자 과학자인 레오나르도 다빈치는 유리 거울을 아주 좋아해서 거울을 가지고 그림을 그리거나 비밀 일기를 썼다고 한다. 다빈치는 거울을 비춰야 읽을 수 있는 '거울 글씨'를 써서 남들이 자신의 글을 잘 알아볼 수 없도록 하였다.

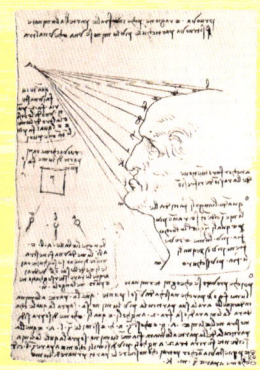

다빈치 노트의 일부.
거울을 세워서 봐야 제대로 보인다.

「담비를 안고 있는 여인」
거울을 이용해 그린 그림으로 알려져 있다.

오목 거울은 빛을 모으는 성질이 있어. 그래서 올림픽에서 성화를 붙일 때나 환한 빛이 필요할 때 사용해. 오목 거울은 가까이에서 보면 상의 크기가 물체보다 크게 보이고 물체가 멀리 있을 때는 거꾸로 보이는 성질이 있어.

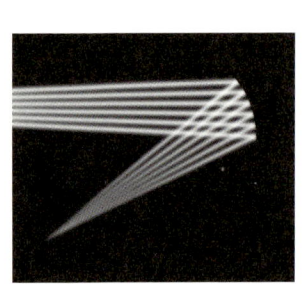

오목 거울의 빛 모으기

가까이에 서면 크게

멀리서 보면 거꾸로 보이죠.

볼록 거울은 빛을 퍼뜨리는 성질이 있어. 넓은 지역을 볼 수 있으므로 모퉁이 길이나 자동차 백미러, 상점의 감시용 거울 등에 사용해.

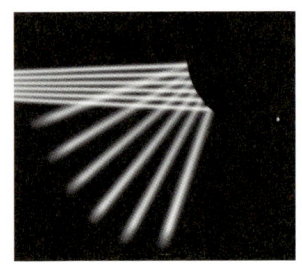

볼록 거울의 빛 퍼짐

모퉁이 길에 설치된 볼록 거울

치과 선생님이 입안을 살필 때 사용하는 치료용 거울은 어떤 거울일까?

렌즈로 보는 세상

콘택트렌즈, 카메라 렌즈 같은 말을 들어 본 적 있지? 렌즈란 유리나 수정같이 투명한 물체를 볼록하거나 오목하게 깎아 만든 거야. 렌즈는 빛의 굴절을 이용하는 도구야. 빛은 렌즈를 통과하면서 꺾여서 한 점에 모이거나 넓게 퍼져. 그래서 렌즈를 통해 보면 물체의 크기가 실제와 달라 보여. 거울처럼 렌즈에도 오목 렌즈와 볼록 렌즈가 있어.

내가 만든 물방울 렌즈

1. 헝겊을 아래에 깔고 그 위에 유리판을 놓는다.
2. 유리판 중앙에 스포이트로 작은 물방울 하나를 떨어뜨린다.
3. 눈을 유리에 매우 가깝게 한 후 유리판의 물방울이 흘러내리지 않도록 살그머니 들어 올리면서 헝겊의 모습을 본다. 어떻게 보일까?

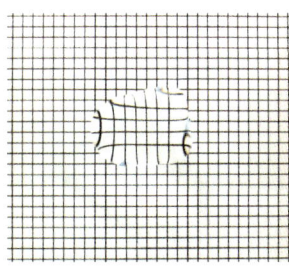

물방울 렌즈는 볼록 렌즈라 할 수 있어. 물이 담긴 유리컵이나 이슬방울도 볼록 렌즈라 할 수 있지. 문방구에서 파는 돋보기도 바로 볼록 렌즈로 만드는 거야. 돋보기로 보면 글씨나 물체가 크게 보여. 볼록 렌즈는 빛을 한 점에 모으고, 물체를 확대해서 크게 보여 주기 때문이야.

볼록 렌즈의 이런 성질을 이용하여 맨눈으로 잘 보이지 않는 것을 크게 보여 주는 현미경, 밤하늘의 별처럼 멀리 떨어진 것을 가까이 보여 주는 망원경, 쌍안경 같은 것을 만들어.

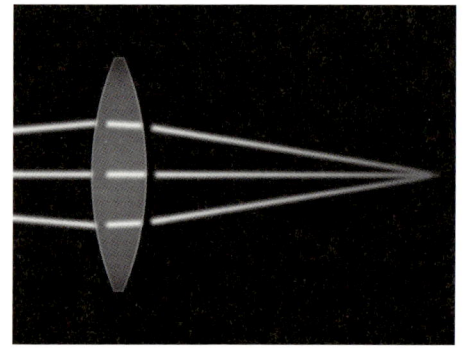

볼록 렌즈는 모든 빛을 한 점으로 모은다.

 활동

볼록 렌즈로 보면 언제나 물체가 커 보일까?

볼록 렌즈로 가까이 있는 물체를 보면 렌즈 앞쪽으로 사물이 크게 보인다. 하지만 멀리 있는 물체를 보면 그렇지 않다. 어떻게 다를까?

1. 깜깜한 방에서 텔레비전을 켠다. 컴퓨터나 양초처럼 빛을 내는 다른 것을 사용할 수 있다.
2. 돋보기로 가까이서 텔레비전 화면을 본다. 텔레비전 화면이 크게 보이는가?
3. 이번에는 돋보기를 조금 멀리 하고 텔레비전 화면을 본다. 잘 보이는가?
4. 잘 안 보이면 그림처럼 텔레비전의 반대편에 흰 종이를 놓고 본다. 어떻게 보이는가?

볼록 렌즈로 물체를 멀리서 보면 렌즈 뒤쪽으로 거꾸로 된 상이 맺혀.

답 오목 거울(입안을 환하게 비추고, 크게 보여야 하므로)

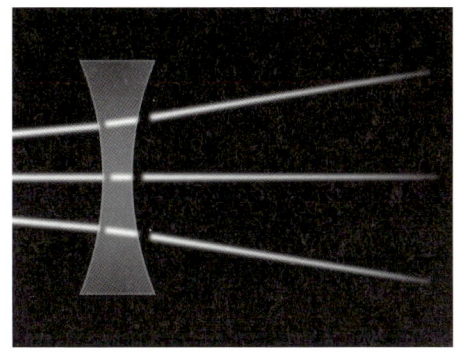

오목 렌즈를 통해서 보면 작지만 넓게 볼 수 있다.

오목 렌즈는 빛을 퍼지게 해. 오목 렌즈로 보면 물체는 작아 보이지만 넓은 곳을 볼 수 있어.

먼 곳을 가깝게, 망원경

볼록 렌즈와 오목 렌즈, 오목 거울이 빛을 모으거나 퍼지게 하는 성질을 이용하여 현미경이나 망원경, 쌍안경을 만들어. 현미경은 세균, 세포처럼 너무 작아 보이지 않는 것을 확대하여 크게 보여 주고, 망원경이나 쌍안경은 밤하늘의 별처럼 멀어서 안 보이는 것들을 보여 주지.

망원경은 1608년 네덜란드에서 안경점을 하던 한스 리페르세이가 우연히 볼록 렌즈와 오목 렌즈 두 개를 가지고 풍경을 보다가 멀리 있는 것이 크게 보이는 것을 발견하고 만들었어. 갈릴레이는 이 이야기를 전해 듣고 직접 렌즈를 갈아서 망원경을 만들어 천체를 관측하였어. 갈

갈릴레이가 망원경 사용법을 설명하고 있다.

릴레이가 만든 망원경의 지름은 불과 4센티미터이고 배율은 32배에 그쳤어. 그래도 이 망원경으로 갈릴레이는 금성의 모양 변화, 목성의 위성, 토성의 고리, 태양의 흑점 등을 관찰하였어.

이후로 천체를 관측하기 위해 여러 가지 망원경이 개발되었어. 사람들은 더 멀리 잘 보이는 망원경을 만들기 위해 여러 가지 궁리를 하였어. 볼록 렌즈만으로 만들어 보기도 하고, 오목 거울을 함께 사용하여 만들어 보기도 했어. 렌즈를 사용한 굴절 망원경, 거울을 이용한 반사 망원경, 두 가지를 다 사용한 굴절-반사 망원경 등이 만들어졌어.

우주를 더 잘 관측하려면 더 큰 망원경이 필요한데, 렌즈는 잘 깎아도 1미터가 넘는 것은 아직 만들기 힘들어. 그래서 큰 망원경들은 모두 거울을 이용한 반사 망원경이야. 지금은 지름이 8미터가 넘는 망원경들이 세계 여러 곳의 천문대에 있어.

유럽 15개국은 2022년까지 거울의 지름이 39.3미터인 유럽 초대형 망원경을 만들 계획을 가지고 있어. 이것이 만들어지면 세상에서 가장 큰 눈이 될 거야.

사람들은 지구에서 우주를 관측하는 것에 그치지 않고 망원경을 우주로 날려 보내 지구에 도달하지 못하는 빛들을 직접 관측하기까지 해. 우주에서 우주를 관측하는 망원경을 우주 망원경이라 하는데, 대표적인 것에 허블 우주 망원경이 있어.

우리나라에는 보현산 천문대에 지름 1.8미터짜리 망원경이 있고, 대덕 전파 천문대에 14미터짜리 전파 망원경이 있어.

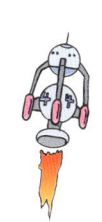

허블 우주 망원경. 지구 밖에서 지구에서는 볼 수 없는 아주 어두운 천체까지 관측하는 일을 한다.

팔방미인 레이저 빛

레이저가 뭔지 정확히 몰라도 레이저 빛은 우리 주변에서 쉽게 볼 수 있어. 발표회를 할 때 화면의 한 부분을 가리키는 데 쓰는 레이저 포인터, 상점에서 상품의 바코드를 읽는 데 쓰는 기계는 레이저를 이용한 거야. 밤하늘을 화려하게 수놓는 레이저 쇼도 종종 볼 수 있어.

레이저 빛은 1960년 미국의 물리학자 시어도어 메이먼이 레이저 발진 장치로 만들어 냈어. 처음에는 레이저가 죽음의 빛이 되지 않을까 걱정하기도 했어. 과학 공상 영화나 만화에 레이저 광선검이 무시무시한 무기로 나왔기 때문이야.

레이저 빛은 강하기 때문에 레이저 포인터의 빛을 직접 눈에 비추지 않도록 주의해야 해.

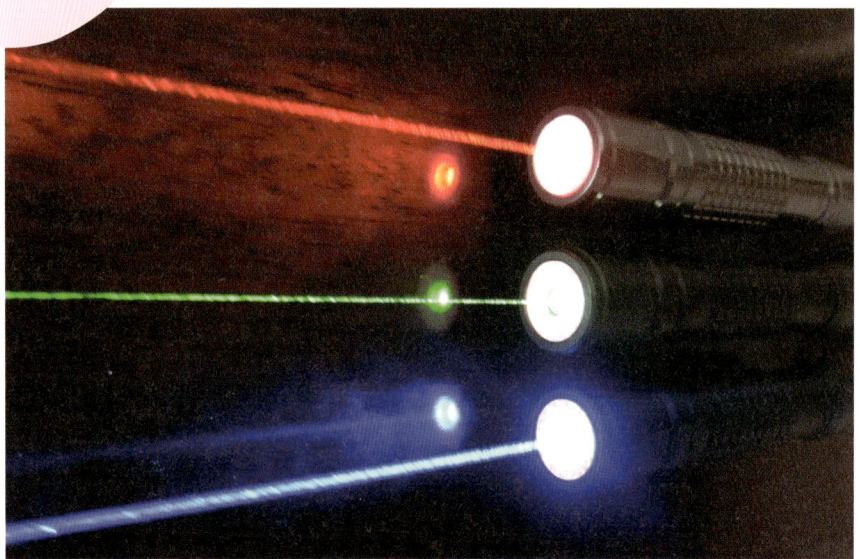

레이저는 한 가지 색의 빛만을 집중해서 내보낸다.

레이저 빛은 한 가지 색만 띠고 세기가 강하고 멀리까지 나아가는 특징을 가지고 있어. 또 대부분의 빛은 진행하면서 퍼져 나가기 때문에 광원에서 멀어지면 빛의 세기가 점점 약해지지만 레이저 빛은 퍼지지 않고 곧바로 진행해. 이런 성질을 이용하여 레이저 빛은 일상 생활이나 의료, 산업 분야에서 널리 쓰이고 있어.

먼 거리까지 정보 손실 없이 정보를 주고받을 수 있는 인터넷 통신(광통신), 레이저 프린터, 위조를 방지하기 위해 돈이나 수표에 들어가는 홀로그램, 거리를 정밀하게 잴 때 모두 레이저를 활용해. 또한, 레이저는 눈이 나쁜 사람들을 안경에서 해방시켜 주는 라식 수술, 흉터, 사마귀, 종양 등을 없애는 수술, 금속을 매끈하게 자르거나 구멍을 뚫는 것, 젖병의 구멍 뚫기, 군사용 등 많은 분야에서 사용되고 있어. 한때 죽음의 빛으로 오해받기도 했던 레이저가 고마운 빛으로 바뀐 거야.

빛으로 통하는 세상, 광통신

인터넷이나 스마트폰 없이 하루라도 생활할 수 있을까? 우리 생활에 등장한 것은 아주 최근의 일이지만 인터넷과 스마트폰은 우리 생활 곳곳에 퍼져 있어서 없다면 아주 많이 불편할 거야. 인터넷은 2009년 〈포브스〉라는 곳에서 뽑은 21세기 위대한 발명품 30가지 중 1위를 차지할 정도니 말이야. 그런데 요즘처럼 인터넷이나 스마트폰을 이용하

레이저로 거리 재기

레이저 빛은 빛의 세기가 거의 줄어들지 않고 아주 먼 거리까지 갈 수 있다. 이 때문에 거리나 위치 등을 재는 장비에 사용된다. 1969년 아폴로 11호 우주인들은 달에 100퍼센트 반사율을 갖는 특수한 레이저 반사경(항상 빛을 들어오는 방향으로 다시 반사시키는 거울)을 설치했다. 지구에서 달에 설치된 반사경에 레이저 빛을 쏴 수시로 달까지의 거리를 재고 있다.

달에 설치된 반사경, 100여 개의 거울로 이루어져 있다.

레이저로 자르기

레이저로 철판을 자른다. 정확하게 자르는 게 필요한 수술을 할 때도 사용한다.

여 멀리 떨어진 친구와 실시간으로 아주 빠르게 정보를 주고받을 수 있는 것도 빛 덕분이야. 빛으로 정보를 전달하는 기술인 광통신이 없다면 불가능한 일이기 때문이지. 광통신이 없었다면 인터넷을 통해 화상 정보나 음성 파일처럼 용량이 큰 정보들을 지금처럼 빠르게 먼 곳까지 보낼 수 없을 거야.

광통신망은 레이저를 이용하여 전기 신호를 광신호 즉, 빛의 신호로 바꾼 뒤 광섬유(빛섬유)를 통해 많은 정보를 먼 거리까지 전달하는 통신망을 말해. 현재 주로 사용하는 초고속 광통신 시스템은 광섬유 한 가닥을 통해 1초 동안에 최대 10조 개의 비트를 보낼 수 있어. 이것은 1억 5,000만 명 이상이 동시에 전화 통화를 할 수 있는 대단히 큰 용량이야.

광섬유는 어떻게 나왔을까? 세상에서 가장 빠른 것은 빛이야. 빛에 정보를 실어 나르면 지구 곳곳에 빠르게 정보를 전달할 수 있으므로 사람들은 빛에 정보를 실어 나를 방법을 고민하였어.

그런데 빛은 장애물을 만나면 흡수되거나 반사되고 꺾여서 원하는 방향으로 멀리 보내기 힘들어. 빛을 원하는 곳으로 멀리 보내려면 전기가 전선을 타고 흐르듯이 빛이 타고 흘러갈 일종의 전선이 필요했어.

21세기 위대한 발명품 10가지
1. 인터넷
2. 컴퓨터(PC)
3. 휴대 전화
4. 전자 메일(이메일)
5. 게놈 지도(유전자)
6. 자기 공명 단층 촬영 장치
7. 마이크로프로세서
8. 광섬유
9. 사무용 소프트웨어
10. 레이저 수술, 로봇 수술

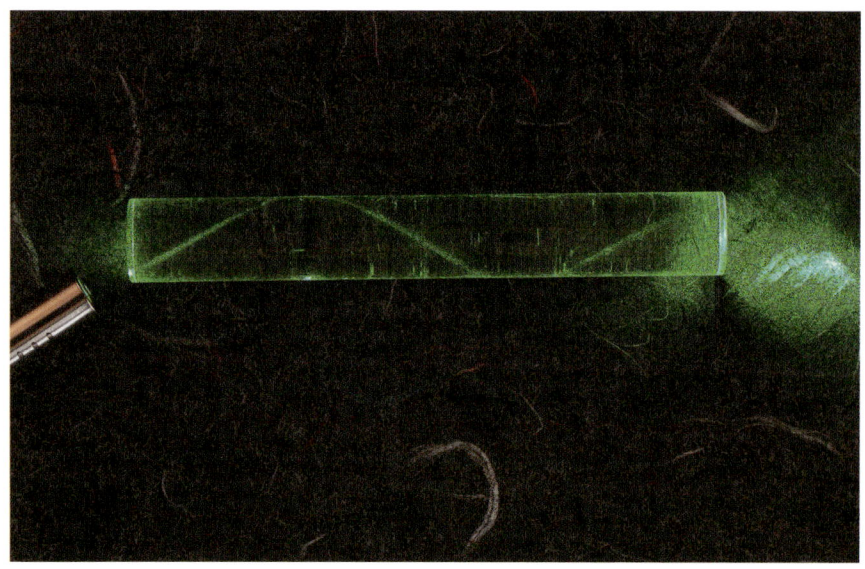

광섬유의 원리 모든 반사가 막대 안쪽에서 일어나기 때문에 거의 모든 빛이 막대를 빠져나오지 못한다.

과학자들은 특정한 파장의 한 가지 빛을 만들어 내는 레이저가 발명되자, 레이저를 이용해 정보를 실어 나를 방법을 더 적극적으로 찾기 시작했어. 한 과학자가 유리로 원통형의 관을 만들어 레이저 신호가 전달되는 길로 쓸 수 있다는 아이디어를 냈어. 이것으로부터 광섬유가 생겨났어. 광섬유는 가느다란 유리나 플라스틱으로 만들어. 광섬유를 이용하면 빛이 광섬유 안에 갇혀서 광섬유가 휘어져 있으면 휘어져 있는 대로 광섬유를 따라 이동하게 돼.

광섬유는 초고속 통신뿐 아니라 내시경 같은 의료 기구에도 사용되고 있어.

빛 전화기, 포토폰

1876년 미국의 벨은 전화 발명 특허를 따냈다. 전화는 전기를 이용하여 통신하는 방식으로, 전화의 발명은 통신을 획기적으로 발전시켰다. 그런데 벨은 전화를 발명한 4년 후 그의 동료와 함께 빛을 이용한 전화기 포토폰도 발명하였다.

포토폰을 발명한 벨은 이것이 자신의 발명품 중 가장 중요한 발명품이 되리라 믿었다. 하지만 포토폰은 크게 쓰이지 않고 곧 사라졌다. 해가 비치지 않는 궂은 날이나 밤에는 사용할 수 없고 거리가 멀면 빛의 세기가 약해지고 빛이 흩어져서 통신 거리가 200여 미터밖에 되지 않았기 때문이다. 200미터면 큰 소리로 불러도 되는 거리이다.

그러나 포토폰이 널리 사용되지 않았다 해서 의미가 없는 것은 아니다. 포토폰은 최초의 무선 전화라 할 수 있다. 또 빛에 소리를 실어 소식을 전하려 한 아이디어는 그 당시에는 사라졌지만 100여 년이 흐른 후 광섬유를 통한 초고속 광통신으로 다시 살아났기 때문이다.

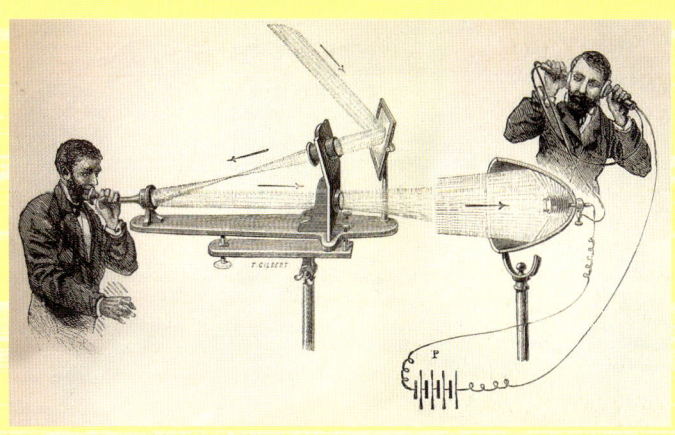

거울에서 반사된 빛과 함께 목소리를 실어 보낸다.

비록 실패했지만 벨 아저씨의 노력이 헛된 것은 아니었어.

6. 구석구석 편리한 빛 **101**

빛을 이용한 통신의 역사

먼 곳의 소식을 빠르게 전달하는 것, 바로 통신! 빛을 이용하여 정보를 전달하려는 노력은 오래전부터 있었다. 불빛으로 서로 신호를 나눈 봉화도 빛을 이용한 통신이다. 우리나라에는 약 2000년 전에 가야의 김수로왕이 횃불과 연기로 소식을 전달했다는 기록이 〈삼국유사〉에 나오며, 봉화를 올린 봉수대가 곳곳에 남아 있다.

망원경이 발명된 뒤에는 멀리 떨어진 곳을 볼 수 있는 점을 이용해 망원경을 통신에 사용하였고, 거울과 램프 불빛을 이용한 광통신 방법들이 계속 발명되었다. 이것들은 모두 공중에 빛을 쏘아 통신하는 방식으로 눈으로 직접 볼 수 있는 거리만큼만 정보를 보낼 수 있었고, 날씨가 나쁘면 제대로 쓸 수 없었다. 최근의 광섬유를 이용한 광통신은 이런 단점을 단번에 뛰어 넘었다.

수원 화성에 남아 있는 봉화 시설, 봉돈. 밤에는 불, 낮에는 연기로 신호를 보냈다.

광학 전신 장치

유럽에 가면 사진 모양의 탑을 볼 수 있다. 1791년에 클로드 샤페라는 사람이 만든 통신 장비이다. 탑이나 건물 위에 달린 풍차 모양의 날개를 꺾어 문자나 숫자를 표시하면, 망원경으로 앞쪽의 신호를 보고 똑같이 표시하여 뒤쪽에 알려준다.
이 장치는 12~25킬로미터마다 한 개씩 설치되었다고 한다. 나폴레옹 시대에 500여 개가 있었는데 전쟁 승리에 큰 공을 세웠다. 통신망의 원조로 본다.

거울을 이용한 통신

헬리오그라프. 헬리오는 그리스 신화 태양의 신 헬리오스에서 따온 말이다.
1821년 유명한 수학자이자 과학자인 가우스가 만들었다.
거울에 반사되는 빛의 반짝임을 이용해 통신했다.

램프를 이용한 광통신

거울 빛을 이용한 통신은 흐린 날, 비 오는 날, 안개 낀 날, 밤에는 사용할 수 없다. 램프로 이를 보충하였다. 이것은 최근까지 해군 등에서 보조 통신 수단으로 사용하고 있다. 미리 약속된 규칙(모스 부호)대로 불을 켰다 껐다 하며 정보를 주고받는다.

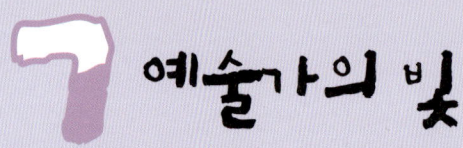

7 예술가의 빛

아래 그림을 보고 그린 사람의 느낌을 상상해 볼까?
이 날의 날씨는 어떨까? 왜 한 사람만 양산을 쓰고 있을까?
맘대로 생각해 봐. 자기의 느낌이 중요한 거니까.

모네 「양산을 든 여인」

나도 인상파

여기에 너의 그림을 그려 볼래?
햇빛이 쨍쨍한 날, 주변 어디든, 무엇이든 괜찮아.
보이는 대로 그려 봐. 그리고 빛을 느껴 봐.

빛을 그린 사람들

모네, 마네, 드가, 르누아르, 세잔 같은 이름을 들어본 적 있니? 아니면 아래와 같은 그림을 본 적은?

르누아르
「두 자매」

세잔
「베르시의 센 강」

마네
「그림을 그리는 모네」

드가
「세 명의 무용수」

지금 얘기한 사람들은 모두 250여 년 전 프랑스의 파리에서 그림을 그리던 화가들로 특별히 인상파라고 불러. 우리가 보기에는 이 그림들이 그렇게 특별해 보이지 않아. 요즘은 어디서나 많이 볼 수 있는 그림이기 때문이지. 그런데 그들이 살던 시대에는 매우 특별한 것이었어.

지금은 그림의 소재가 무척 많지만 그때는 그렇지 않았어. 유명한 역사 이야기, 영웅, 신화와 전설, 성경 이야기만 가지고 그림을 그렸어. 화가들은 화실 안에서 영웅이나 신화, 성경 이야기들을 정확하고 세밀하게 그리는 데만 열중하였어. 그럴 때 후에 인상파라고 불리게 되는 사람들이 나타났어.

이들은 어떤 사물을 정확히 나타내는 것보다는 그림을 그릴 때의 느낌, 그때그때마다 받는 인상을 그리는 게 중요하다고 생각했어. 또 영웅이나 신화 이야기에서 벗어나 일반 사람들과 그들의 생활, 해변가의 모습, 거리 풍경들을 그렸어. 그 시절의 다른 그림과 달리 밝고 색채가 풍부한 그림을 그렸고 빛과 색, 자연의 모습을 잘 나타내기 위해 화실

인상파라는 이름의 유래

'저 사람은 인상이 좋아.' '그 말이 참 인상적이야.' 라는 말을 쓴다. 인상이란 어떤 대상에 대해 가지는 느낌을 말한다. 인상파라는 이름은 모네의 '인상, 해돋이' 라는 그림을 보고 한 비평가가 이들을 비아냥거리며 부른 데서 생겼다고 한다. 하지만 지금은 인상파 화가들의 그림이 전 세계적으로 가장 많은 사랑을 받고 있다.

을 나와 야외에서 그렸어. 이런 특이한 행동 때문에 이들은 많은 비판을 받았고, 인정받지도 못했어.

　인상파 화가들은 빛에 따른 색채의 변화, 그때의 느낌을 그림으로 나타내기 위해서 빛의 움직임, 성질에 많은 관심을 가지고 있었어. 빛이 사물의 그림자와 색깔을 어떻게 변화시키는가는 인상파 화가들에게 매우 흥미 있는 주제였지. 그들은 "물체에 그 자체의 고유한 색은 없다. 색은 빛이 변하면 함께 변화한다."는 것을 잘 알고 있었던 거야. 그래서 인상파를 이끌었던 모네는 종종 같은 그림을 다른 시간과 계절에 그리면서 빛에 따른 자연의 변화를 생생하게 나타내었어.

　그러니 인상파 화가들을 빛을 그린 사람들, 빛의 화가라고 불러도 되겠지?

모네 「세 그루 나무(봄, 여름, 가을)」

엑스선으로 예술을

멋진 풍경이나 오래 기억하고 싶은 장면, 사람이 있으면 사진을 찍어 남겨 둬. 사진기는 물체가 반사하는 빛을 카메라 렌즈로 모아 순간의 모습을 남길 수 있도록 해 줘. 그래서 사진을 빛 그림이라 하기도 해. 물감이나 크레파스 대신 빛이 그리는 그림이라는 뜻이야. 보통 카메라로 찍는 사진은 가시광선을 사용하기 때문에 우리가 보는 세상과 그리 다르지 않아.

그런데 요즘은 엑스선을 이용하여 보이지 않는 세계를 탐험하여 예술로 만드는 사람들이 있어. 일명 엑스레이 아티스트. 이들은 병원에서 아픈 곳을 찾아내고, 공항에서 짐에 숨겨 오는 밀수품이나 마약 등을 발견하는 데 쓰는 엑스선으로 사진을 찍어 작품을 만들어. 엑스선 사진을 보면 이제까지 우리 눈에 보이던 것은 사라지고, 보이지 않던 것이 새롭게 보여.

하지만 엑스선 예술은 굉장히 위험한 일이기도 해. 엑스선에서 우리 몸에 해로운 방사능이 나오기 때문이야. 병원의 엑스선 촬영실은 밖으로 엑스선이 나가지 않도록 잘 막아 놓는데 방사능의 위험 때문이야. 엑스선 작품을 만드는 작업장에는 방사능 농도가 높아서 방사능에 노출될 위험이 클 수밖에 없어. 물론 안전에 많은 신경을 쓰겠지만 실제로 엑스선 예술가 중에는 방사능으로 인해 병에 걸린 사람도 있다고 해.

허공에 그리는 그림, 라이트 페인팅

요즘은 빛이 만드는 화려한 쇼들을 자주 볼 수 있어. 크리스마스 즈음의 거리에서는 휘황찬란한 전구로 치장된 트리와 번쩍번쩍 빛나는 장식물들을 쉽게 볼 수 있어. 놀이 공원에서는 화려한 레이저 쇼가 밤하늘을 수놓고, 미술관에서는 빛을 이용한 비디오 아트를 쉽게 만날 수 있어.

재미있는 라이트 페인팅을 소개할게. 라이트 페인팅은 손에 빛을 들고 허공에 그림을 그리거나 글씨를 써서 사진을 찍는 기법이야. 사진기를 삼각대 위에 올려놓고 빛으로 그림이나 글씨를 그리면서 그것을 찍으면 빛으로 그린 그림이 그대로 사진으로 남아. 라이트 페인팅이 시작

된 것은 100여 년 전의 일이야. 유명한 파블로 피카소도 1949년 사진 작가 기온 밀리와 함께 작은 전등을 가지고 빛으로 그리는 그림을 여러 편 완성하였어.

　우리도 한 번 라이트 페인팅에 도전해 볼까? 작품을 찍으려면 많은 연습이 필요하지만 간단한 글씨부터 시작해서 점차 복잡한 그림까지 도전해 보면 재미있는 세계를 맛볼 수 있을 거야.

　예술가들은 자기만의 독창적인 작품을 만들기 위해 빛에 관해 열심히 연구하고 있어. 독창적인 빛 예술가가 되고 싶다면 빛에 대해 더 열심히 알아봐. '빛, 알면 알수록 매력 있는데.'라는 말이 나올지 어떻게 알겠어.

빛에 관한 말 놀이

아래 말들을 이용하여 빈칸을 채워 보자.

(가시광선, 광원, 굴절, 그림자, 기도, 도깨비불, 반딧불이, 반사, 보라색, 사이렌, 사진기, 색맹, 오로라, 오목 거울, 인상파, 인절미, 자외선. 직진)

1. 우리 속담에 '○ 좋은 개살구'라는 말이 있다. 겉보기에는 먹음직스러운 빛깔을 띠고 있지만 맛은 없는 개살구라는 뜻이다. 겉만 그럴듯하고 실속이 없을 때 쓴다.

가로(옆으로)

2. 물체가 빛을 가릴 때 물체의 뒤쪽으로 검게 나타나는 모양. 아침, 저녁에는 길어지고, 낮에는 짧아진다.
4. 빛 중에서 사람 눈으로 느낄 수 있는 빛
7. 물체가 반사시키는 빛을 렌즈로 모아 물체의 모양과 똑같이 찍는 기계. '찰칵', '김치' 와 관련 있다.
8. 유리를 깎아 만든 것으로 빛을 굴절시키는 성질이 있다. 이것으로 안경, 현미경, 망원경을 만든다.
10. 반사면을 오목하게 만든 거울. 가까이 가서 보면 얼굴이 크게 보인다. 멀리에서 보면 거꾸로 보인다.
11. 빛을 스펙트럼으로 나누었을 때 빨간색 반대편에 나타나는 색. 자외선은 이 색 너머에 있다는 뜻이다.
13. 빛이 물체에 부딪혔을 때 반대 방향으로 튕겨 나오는 성질
14. 늪이나 무덤가에서 푸르스름하게 나는 빛. 인 화합물이 자연 발화하여 생기는 것으로 추정된다.
16. 찹쌀을 쪄서 절구에 찧은 후 네모 모양으로 적당히 썰어 콩고물을 묻힌 떡

세로(아래로)

3. 보라색 너머의 빛이라는 뜻으로, 피부가 검게 타는 것은 이것 때문이다.
5. 태양, 전구, 촛불처럼 스스로 빛을 내는 물체를 통틀어 이르는 말
6. 빛이 똑바로 곧장 나아가는 성질
7. 공기의 진동으로 소리를 크게 내는 장치. 위험하거나 급한 상황을 알릴 때 사용한다.
9. 바라는 대로 이루어지게 해 달라고 비는 것. 보통 두 손을 모으고 한다.
10. 극지방에 가까운 지역에서 커튼 모양으로 나타나는 빛. 그리스 신화의 새벽의 여신을 뜻한다.
12. 색깔을 잘 구별하지 못하거나 다른 색깔로 잘못 보는 상태. 붉은색과 초록색을 구분하지 못하면 적록 ○○이라 한다.
13. 여름철 물가의 풀밭에서 살며 밤에 반짝이며 날아다니는 발광생물의 일종. 개똥벌레라고도 한다.
15. 빛이 공기에서 물처럼 다른 물질로 들어가거나 나올 때 경계면에서 꺾이는 현상
16. 그림을 그릴 때 그때그때 받은 느낌을 그리는 것이 중요하다고 생각한 화가들. 마네, 모네, 세잔 같은 화가들이 여기에 속한다.

넘쳐서 탈, 모자라서 탈

빛 공해와 빛 나눔

조명이 발명되면서 사람들의 생활은 크게 바뀌었어. 하루 24시간 언제든지 환하게 지낼 수 있게 되었어. 그런데 전 세계를 보면 어느 곳은 빛 공해라는 말이 나올 정도로 빛이 넘쳐나고, 어느 곳은 아직도 전등조차 없어서 어둠 속에서 살고 있어. 어떻게 하면 빛 공해에서 벗어날 수 있을까? 또 빛이 모자라는 곳에 사는 사람들에게 어떻게 빛을 나누어 주면 좋을까?

별빛을 돌려주세요

　빛 공해라는 말을 들어 보았니? 빛도 너무 많으면 공해가 된단다. 깜깜한 밤, 높은 곳에서 도시를 내려다보면 반짝이는 불빛이 가득해. 아름답기도 하고, 환해서 사람들이 밤에도 활동하기 좋지만 너무 지나치게 밝다는 생각도 들어. 빛이 너무 밝으면 사람의 건강과 동식물의 생활에 피해를 주는데, 사람과 동식물에 피해를 주는 필요 이상의 인공 빛을 '빛 공해'라고 해.

　더운 여름날, 늦은 밤까지 매미가 시끄럽게 울어서 잠을 자지 못한 적이 있을 거야. 이것은 빛 공해 때문에 생기는 일이야. 매미가 밤을 낮으로 잘못 알고 밤낮없이 우는 거야. 이 밖에도 빛 공해로 사람과 동물, 식물이 시달리고 있는 예는 수없이 많아.

　밝은 가로등 옆에서 밤에도 빛을 받을 수밖에 없는 가로수들은 단풍이 늦게 들고, 수명이 짧아져. 가을에 피는 코스모스가 여름에도 피고 봄에도 피는 것을 볼 수 있는데, 이런 곳 주변을 잘 살펴보면 어김없이 가로등이 있거나 인공조명이 비추고 있어.

　달빛이나 별빛을 보고 이동하는 철새들이 높은 건물이나 탑의 붉은 불빛을 보고 길을 잃거나, 불빛 근처를 날아가다가 새 천여 마리가 한

꺼번에 탑에 부딪혀 죽는 일도 벌어졌다고 해.

고향으로 돌아오는 습관이 있는 연어와 청어도 북태평양의 인공 불빛 때문에 이동하지 않는다는 연구 결과가 있어. 알에서 깨어난 바다거북이 해변의 밝은 조명 때문에 방향 감각을 잃고 해변으로 몰려오고, 어두운 해변을 좋아하는 장수거북은 알 낳을 곳을 찾지 못해 멸종 위기에 놓였다고 해. 한밤중에 둥지를 감싸는 눈부신 빛 때문에 알을 낳지 못하는 새들도 있어. 어린이 497명을 대상으로 연구한 결과 밤에 불을 켜고 자는 어린이의 3분의 1이 근시 현상을 보였다고도 해.

도시의 밤하늘에서 별을 볼 수 없는 것도 빛 공해 때문이야. 자연 상태의 밤하늘에서는 수천 개의 별과 은하수를 맨눈으로 볼 수 있지만, 빛 공해가 있는 지역에서는 밤하늘에서 별을 거의 찾아볼 수 없어. 별빛이 불빛에 가려 보이지 않기 때문이지.

빛은 우리 생활에 꼭 필요하지만 지나치면 에너지 낭비일 뿐 아니라 사람과 동식물의 생활을 위협해. 이제는 밤이 되면 '불을 끄고 별을 켜자.' 그러면 사람과 자연 모두가 행복해질 거야.

우리나라에서는 '인공조명에 의한 빛 공해 방지법'이 만들어져서 2013년 2월 1일부터 시행되고 있어.

매년 8월 22일 에너지의 날에는 불을 끄고 별을 켜자는 캠페인을 비롯해 다양한 행사가 열린다.

빛 공해 해결을 위한 S.T.E.A.M

- 빛이 생물과 인간, 자연 생태계에 미치는 영향 연구, 보고
- 빛 공해 문제를 해결하는 정책 수립-빛 공해 방지법 등 제정
- 행사, 공연, 예술을 통해 빛 공해 문제를 쉽게 알리기
- 빛 공해가 없는 새로운 조명 기술 개발
- 빛이 사람에 끼치는 영향을 생각하여 조명을 새롭게 디자인
- 빛이 동식물에 끼치는 영향을 생각하여 가로등, 네온사인 등의 디자인 개발

지금, 빛 공해 문제를 해결하기 위해 내가 할 수 있는 일은 무엇이 있을까?

빛을 나누어 가져요

이 사진 한 번 볼래? 인공위성에서 찍은 지구의 밤 사진이야. 어떤 곳은 온통 불빛으로 대낮처럼 환하고 어떤 곳은 아주 깜깜하지? 우리나라를 보더라도 북한은 불빛이 거의 보이지 않고, 남한은 대낮처럼 환해.

깜깜한 곳은 아직도 전깃불이 부족한 곳이야. 인공조명이 너무 지나

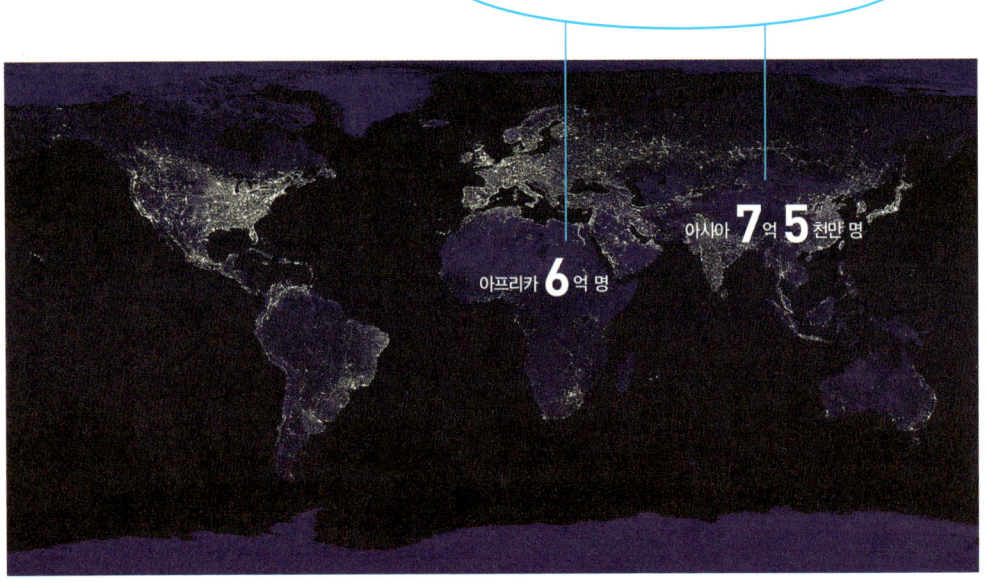

전기 혜택을 받지 못하는 인구

아시아 7억 5천만 명

아프리카 6억 명

쳐서 빛 공해 방지법까지 만들어야 하는 곳이 있는가 하면 아직 전깃불조차 들어오지 않는 곳도 있다니! 물 흐르듯이 빛도 많은 곳에서 적은 곳으로 흘려보낼 수는 없을까? 지구 전체가 적당히, 골고루 환할 수 있게 말이야.

 빛을 흘러가게 할 수는 없지만 서로 나누어 줄 수는 있어. 세계의 많은 사람들이 어둠 속에서 생활하는 이웃 나라에 여러 가지 방법으로 빛을 보내고 있어.

 환경재단은 2012년부터 아시아의 가난한 지역에 태양광 전등 달아 주기 사업을 하고 있어. 태양광 전등은 햇빛으로 충전히여 사용해. 그래서 거대한 발전소나 송전탑이 필요없어. 전기 값도 안 들고, 어디서나 손쉽게 사용할 수 있지.

태양광 전등으로 책을 읽는 어린이들 (사진 제공 '환경재단')

또, 버려지는 페트병으로 전구를 만들어 가난한 이웃들과 빛을 나누는 사람들도 있어. 페트병으로 만든 전구는 '1리터의 빛'으로 불려.

아시아, 아프리카, 남아메리카 판자촌은 집이 다닥다닥 붙어 있어서 대낮에도 어두컴컴해. 그런데 이곳 사람들은 전기가 들어오지 않는 집은 물론 전기를 설치한 집도 전기 요금이 비싸서 전등을 켜지 않고 촛불을 켜 놓고 살아. 그러다가 종종 큰불이 일어나기도 해. 이런 곳에 2011년 희소식이 전해졌어. 버려진 페트병과 표백제, 그리고 접착제만 있으면 전기 요금 한 푼 들이지 않고도 집안에 밝은 빛을 선사하는 페트병 태양 전구가 등장한 거야.

이 장치의 원리는 아주 간단해. 버리는 페트병에 표백제를 탄 물을 채운 뒤 지붕에 구멍을 뚫고 페트병의 반은 지붕 밑으로, 반은 지붕 위로 나오게 설치하면 끝이야. 지붕에 그냥 구멍을 뚫으면 빛이 들어온 곳만 밝지만 이 장치를 달면 햇빛이 표백제 성분과 만나 흩어지기 때문에 방안이 골고루 환해져.

〈페트병 태양 전구의 원리〉

지붕에 구멍을 뚫으면 한 지점만 밝다.

햇빛이 페트병 속의 표백제 성분과 만나 흩어져 전등처럼 주변을 밝힌다.

어둑하던 방이 환해지자 기뻐하는 아이들 (사진 제공 '내 보금자리 재단')

페트병 태양전구 이렇게 만들어요

준비물 페트병, 가로 세로 30센티미터 철판, 물, 표백제

1 철판에 페트병보다 2밀리미터 정도 작게 원을 그리고 오려낸다.

2 원 둘레를 따라 세로로 2밀리미터 정도 칼집을 넣어 위로 꺾어 주고, 그 사이에 페트병을 넣는다.

3 접착제를 발라 틈이 벌어지지 않도록 한다.

4 지붕에 페트병이 들어갈 만큼 구멍을 낸다.

5 페트병에 10밀리리터정도 (뚜껑 5~6개) 표백제를 넣고 나머지는 물로 채운다.

6 페트병의 뚜껑을 닫고 지붕 위에 설치한다.

7 못으로 단단히 고정시킨다. 뚜껑과 지붕 사이에 접착제를 발라 틈이 벌어지지 않도록 한다.

완성!

페트병 태양 전구를 설치하는 작업은 5분, 비용은 1달러, 우리 돈으로 1000원 정도밖에 안 들어. 하지만 전등의 성능은 아주 좋아서 55와트의 전등을 켠 것처럼 밝아. 페트병 태양 전구는 5년 정도 사용할 수 있는데, 물이 오래 돼서 전등이 흐려지면 페트병을 뽑아서 물과 표백제만 새로 갈아 주면 되니까 반영구적이라 할 수 있어. 페트병 태양 전구는 해가 떠 있을 동안만 켜지지만 어둑어둑한 판자촌 주민들에게는 큰 희망과 웃음을 주었어.

병을 이용한 태양 전구는 미국 매사추세츠 대학 학생들이 처음 생각해냈어. 이것을 브라질의 알프레로 모세르라는 사람이 버려지는 페트병을 써서 만들면서 어디서나 손쉽게 사용할 수 있게 되었어.

필리핀에서는 '내 보금자리 재단'이 마닐라 시에만 2만 8천 가구에 페트병 태양 전구를 설치하였어. 이들은 2015년까지 전 세계에 100만 개의 페트병 태양 전구를 보급할 계획을 가지고 있어.

1리터의 빛 운동은 인도, 인도네시아, 방글라데시, 페루, 브라질, 아프리카 등지에서도 이루어지고 있어. 학생들의 작은 아이디어가 큰 변화를 가져온 거야.

세상을 환하게 바꾸는
과학의 작은 아이디어!
우리도 한 번 찾아볼까?

찾아보기

ㄱ
가로등 25, 28, 29
가스등 29
가시광선 57, 58, 67
가우스 103
각막 62
갈릴레이 37, 38, 93
감마선 63, 67
거울 44, 45
겹눈 81
관솔불 25, 26
광섬유 99, 100
광섬유의 원리 100
광원 33
광통신 97~100, 102, 103
광합성 72
굴절 47~49
굴절 망원경 94
그리스 신화 12
그림자 34, 40~42

ㄴ
그림자 놀이 43
그림자 연극 43

나방 74
남포등 28
넘보라살 59
넘빨강살 58
네온사인 24
눈 52
눈동자 62
눈동자 색깔 62
눈의 구조 62, 67
눈조리개 62
뉴턴 55, 57

ㄷ
도깨비불 15, 31
도끼고기 77
동물의 눈 79~85

ㄹ
드가 106
등대 36
등잔 22, 27

라 7, 13
라이트 페인팅 110~111
램프 28, 103
레오나르도 다빈치 89
레이저 96, 97, 99
뢴트겐 60, 61
루시페린 78
르누아르 106
리터 59
리페르세이 93

ㅁ
마네 106
망막 62, 63
망원경 92, 93

메타 물질 50, 51
모네 106, 107, 108
모자이크 81, 85
물방울 렌즈 91
밀랍 28

ㅂ
박쥐 74
반도체 32
반딧불이 74, 77
반사 44~46
반사 망원경 94
발광 다이오드 32
발광생물 75, 78
방사능 110
백미러 90
백열전구 30, 32
번개 15, 24
벨 101
보현산 천문대 95

보호색 69
볼록 거울 88, 90
볼록 렌즈 92, 93, 94
봉수대 102
봉화 36, 102
부엉이 74
빛 공해 114, 115~117
빛 나눔 114, 118~123
빛 전화기 101
빛과 생물 70~85
빛과 식물 72~73
빛 섬유 99
빛을 싫어하는 동물 74
빛을 좋아하는 동물 74
빛의 성질 49
빛의 속도 36, 37
빛의 화가 108

ㅅ
사람의 눈 62~63

상 62
색, 색깔, 색채 55, 68
색 그림자 43
색맹 63, 80
석유 27
세잔 106
송진 25, 27
수정체 67, 85
숟가락 거울 88
시신경 62
신호 68
쌍안경 92, 93

ㅇ
아귀 76
아르키메데스 45, 46
아인슈타인 38
엑스선 60, 61, 109
야행성 동물 74, 83
양초 27

에디슨 24, 29, 31
엘이디 23, 32~33
여우불 15, 16
영화 65
오로라 17~19
오목 거울 88, 90
오목 렌즈 93
오벨리스크 15
올빼미 74
완부청설 48
우주 망원경 95
윌리엄 머독 29
유리체 62
인도 14
인상파 107~108
1리터의 빛 120~123
잉카 제국 14

ㅈ
자외선 59, 106

적록 색맹 63
적외선 58
적외선 안경 80
전기 조명 32
전등 22, 30
전자기파 61
전파 망원경 95
정료대 25
정약용 48
조명 26, 28
조명 기구 26, 30
직진 40~43

ㅊ
착시 65
초단파 61
촛불 22

ㅋ
카메라 91

ㅌ
탄소 필라멘트 30
태양 20~21
태양신 8, 12~15
태양풍 19
통신 98, 102, 103
통신의 역사 102~103
투르느솔 72~73
투명 망토 50~51

ㅍ
파장 61
페트병 태양 전구 120~123
평면 거울 89
포토폰 101
프리즘 55
피카소 111

ㅎ
한석봉 26

한호 26	허셜 57, 59	호롱불 27
해바라기 73	헬리오스 12, 13, 103	홑눈 81
해파리 10	현미경 92, 93	화경버섯 75
허블 95	형광등 32	
허블 우주 망원경 95	형설지공 78	

☐ 사진 출처

나사(p.18, p.19, p.95, p.98, p.118), 내 보금자리 재단(p.120, p.121), 연합뉴스(p.51), 에너지시민연대(p.117), 유로크레온(p.77), 전경배(p.43 그림자극), 토픽이미지(p.76 반딧불이), 환경재단(p.119), Alamy(p.93), Getty Images/멀티비츠(p.47), Istock Photo(p.34~35), 그 외 위키피디아, 위키미디어(BY Ranjith Sji–p.28, Dominic's pics–p.43 색 그림자, Tomas Castelazo–p.81, PicoloNamek–p.82 꽃, Piantsurfer–p.82 나비, Metaveld BV–p.98, Timwether–p.100, oreum–p.102, M0tty, Ludovic Peron–p.111)

이 책에 실린 사진들은 저적권자의 허락을 받아 사용하였습니다. 저작자와 출처의 표기가 빠지거나 잘못 되었다면 연락주시기 바랍니다. 곧바로 고치겠습니다.

빛과 놀아요

초판 1쇄 발행 2013년 6월 15일 **초판 9쇄 발행** 2023년 6월 28일

글 정성욱 **그림** 정보환 **기획** 콘텐츠뱅크
펴낸이 이승현

출판3 본부장 최순영
교양 학습 팀장 김솔미 **편집** 김민정
디자인 1919Design

펴낸곳 ㈜위즈덤하우스 **출판등록** 2000년 5월 23일 제13-1071호
주소 서울특별시 마포구 양화로 19 합정오피스빌딩 17층
전화 02)2179-5600
홈페이지 www.wisdomhouse.co.kr **전자우편** kids@wisdomhouse.co.kr

ⓒ 정성욱, 콘텐츠뱅크 2013

ISBN 978-89-6247-373-5 74400
ISBN 978-89-6247-372-8 (세트)

* 이 책은 저작권법에 따라 보호받는 저작물이므로 무단전재와 무단복제를 금지하며, 이 책의 전부 또는 일부 내용을 재사용하려면 반드시 사전에 저작권자와 ㈜위즈덤하우스의 동의를 받아야 합니다.
* 인쇄·제작 및 유통상의 파본 도서는 구입하신 서점에서 바꿔드립니다.
* 책값은 뒤표지에 있습니다.
* 이 책의 사용 연령은 8~13세입니다.